Adolph Wagner

Die Entwicklung der Universität Berlin

1810 - 1896

Adolph Wagner

Die Entwicklung der Universität Berlin
1810 - 1896

ISBN/EAN: 9783741184260

Hergestellt in Europa, USA, Kanada, Australien, Japan

Cover: Foto ©ninafisch / pixelio.de

Manufactured and distributed by brebook publishing software
(www.brebook.com)

Adolph Wagner

Die Entwicklung der Universität Berlin

Die

Entwicklung der Universität Berlin

1810—1896.

Rectoratsrede

von

Professor **Dr. Adolph Wagner.**

Mit Noten und statistischem Anhang.

Berlin 1896.

Verlag von Julius Becker

Friedrichstrasse 240/241.

Hochansehnliche Versammlung!

Am 3. August, dem Geburtstag des erlauchten Stifters unserer Universität, begehen wir alljährlich auch das Geburtsfest unserer Hochschule. Immer von Neuem geht da gern der Blick zurück in jene schwere Zeit unseres Vaterlandes, in welche die Gründung der Königlichen Friedrich - Wilhelms - Universität fällt. Immer wieder gedenken wir da erhebenden Gefühls jenes berühmten Königsworts, das heute vor 85 Jahren der damalige erste Rector, Professor Schmalz, an dieser Stelle aus seiner Audienz bei Friedrich Wilhelm III. mittheilte, das seitdem so oft angeführte Wort: „.. das ist recht, das ist brav", erwiederte der König jener Deputation, welche um Verlegung der Hallenser Universität aus dem abgetretenen Gebiete womöglich nach Berlin gebeten, „der Staat muss durch geistige Kräfte ersetzen, was er an physischen verloren hat." [1] Ein schönes und glückliches Wort, das wie ein Motto für die leitenden Grundsätze der preussischen Politik in der Periode des Wiederaufbaues des Staates nach Jena und Tilsit lautet.

Es ist eine alte gute Sitte, an solchen Tagen auf den Lebensgang des Geburtstagskindes, auch einer grossen Institution,

[1]

wie unsere Universität, zurückzublicken und eine Lebensbilanz zu ziehen. Das mag auch heute geschehen. Die Errichtung und Entwicklung einer Hochschule bietet der Betrachtung sehr verschiedene Seiten und Gesichtspunkte, wovon mehr als eine der an dieser Stelle gehaltenen Reden Zeugniss ablegt. Ich will einmal eine Seite etwas näher verfolgen, welche gewiss nicht die wichtigste, aber doch auch eine wichtige ist — diejenige der äusseren Entwicklung, auch der finanziellen, eine Seite, welcher gerade in der Zeit der Errichtung der Universität besondere Bedeutung zukommen musste. Wer an die gute traditionelle hohenzollern'sche und preussische Sparsamkeit, an die persönlichen Eigenschaften des Königs Friedrich Wilhelms III. denkt, muss in der Errichtung der Berliner Universität in der damaligen Zeit furchtbarster Finanznoth auch ein kühnes finanzielles Waguiss sehen, das von hohem moralischem Muth des Königs und seiner Staatsmänner, ja von deren förmlicher Selbstüberwindung, wie anderseits von stolzem Vertrauen auf die Zukunft des Staates zeugt.

Dieser preussische Staat, auf die Hülfte seines Gebietes und seiner Bevölkerung verkleinert, neben den armen polnischen auch der reicheren linkselbischen Gebiete verlustig gegangen; mit ungeheueren, noch zu regulirenden Ausgaben aus der Kriegszeit überlastet; fast erdrückt durch die französischen Contributionen, deren Schwere im Verhältniss zu dem kleinen und armen Staate und Volke und zum damaligen Geldwerth doch ungleich grösser war, als die viel berufenen „5 Milliarden", mit denen wir 1871 das reiche, im Gebiet kaum verkürzte Frankreich seinen neuen frivolen Friedensbruch haben büssen lassen; der französische Sieger noch im Lande, ein ewig drängender, unbarmherziger Gläubiger; dabei die unentbehrlichen Ausgaben für das Heer, für die Civilverwaltung, für die Beamtengehalte, deren Zahlung ins

Stocken gerathen war, doch unaufschieblich; die alten Einnahmequellen aber gestört, theilweise versiegend, die Domänen mit verpfändet, da der Personalcredit des Staats fast versagte; die alte Steuerverfassung unhaltbar geworden, ihre Erträge nicht ausreichend, ihre baldige Umbildung geboten, aber, wie leicht vorauszusehen war und sich sofort zeigen sollte, als man an die Reformen ging, unendlich schwierig in solcher Zeit und ohne genügenden Erfolg, wie die Experimente mit neuen directen, mit Luxussteuern, mit der ländlichen Mahlsteuer kurz nachher bewiesen —: wahrlich, wäre es ein Wunder gewesen, wenn in dieser trostlosen Finanzlage das immerhin nach den damaligen Verhältnissen kostspielige Project einer neuen Universität im grossen Styl schon aus finanziellen Gründen aufgegeben, mindestens für länger verschoben worden wäre?

Aber das geschah nicht! Im Gegentheil, der kühne Gedanke Wilhelm von Humboldt's, dass man jetzt nicht von dem Grundsatze ausgehen dürfe, nur ebensoviel als sonst oder gar nach Maassgabe der Verringerung der Monarchie weniger für wissenschaftliche Zwecke Seitens des Staates aufzuwenden, erlangte ohne zu grosse Schwierigkeiten die Billigung der übrigen leitenden Staatsmänner und des Königs selbst.

Bei den ersten finanziellen Veranschlagungen wurde auch in finanzieller, wie in administrativer und wissenschaftlicher Hinsicht eine nähere Verbindung von dreierlei Anstalten und Einrichtungen geplant: einmal der schon bestehenden beiden Akademieen der Wissenschaften und Künste, sodann der bereits vorhandenen wissenschaftlichen Institute und Sammlungen, medicinischer und sonstiger, anatomisches Museum, botanischer Garten, Sternwarte, Bibliotheken, Kunstkammer u. s. w., endlich der neuen Universität." Auch die finanzielle Grundlage der beiden ersten Gruppen war zum Theil neu zu ordnen. Für diese wissenschaftlichen Gesammtzwecke war eine Jahresdotation von 150 000 Thlr. vorgesehen, wovon etwas über zwei Drittel auf die Universität kommen sollten, wenn sie voll ausgebildet war.[") Das erscheint nach heutigem Massstabe freilich beinahe winzig. Was die neue Universität zunächst wirklich kostete, einige 50- bis 60 000 Thlr., war noch geringer, nur zwei Drittel der Summe, welche heute die kleinste, nicht einmal vollständige preussische Hochschule, die Akademie in Münster, erheischt. Aber auch ein solcher, alsbald flüssig zu machender Betrag war . damals eine fühlbare neue Belastung des Etats.

Was dies damals besagte, ergeben einige Vergleichungen. In dem mindestens doppelt so finanzkräftigen alten Staate vor 1806 hatten damals die vier grösseren Universitäten, Halle, Frankfurt u. O., Königsberg und Erlangen und die freilich nur noch rudimentären Duisburg und Erfurt doch zusammen auch nur einen Ausgabeetat von etwas über 100 000 Thlr. gehabt.[") In dem verarmten, finanzschwachen Rumpfstaate des Tilsiter Friedens bestanden doch immer noch neben Berlin zwei andere Landesuniversitäten, Königsberg und die neu vereinigte Breslau-Fraukfurter in Breslau, welche ebenfalls damals erheblich besser als früher dotirt worden sind. So kosteten die drei Universitäten des Staates um 1812 über 150 000 Thlr., nach voller Entwicklung Berlins über 200 000 Thlr.[") Wahrlich kein kleiner Aufwand für diese Zwecke, die der Staatsanschauung der Zeit doch immer noch verhältnissmässig neue waren.

Nach dem freilich immer nur cum grano salis anwendbaren, aber darum doch nicht unbrauchbaren Massstabe der sogenannten „Kopfquote" ergiebt sich Folgendes. Man wird damals, um 1812, den Aufwand für die Universitäten — Berlin als vollständig entwickelt angenommen und einige Institute, welche damals noch nicht, wohl aber jetzt auf dem Universitätsetat stehen, hinzugerechnet — mit etwa 13—14 Pfg. unseres Geldes auf den Kopf der Bevölkerung veranschlagen können, wovon etwas über die Hälfte, etwa 7 Pfg. auf die Berliner Universität kommen. Selbst in dem heutigen, so unendlich viel reicheren Volk und Staat und bei so ungemein gestiegenem Universitätsaufwand kosten die sämmtlichen 10 jetzigen preussischen Universitäten dem Staate an Zuschuss aus seiner Kasse nur 8,39 Mill. Mk., Berlin allein etwa 2,35 bis 2,4 Mill., d. h. auf den Kopf der Bevölkerung gegenwärtig bzw. 26,3 und 7,5 Pfg., also etwa in ersterer Hinsicht das Doppelte, in letzterer nur ebensoviel als schon 1812. Aber sicher wurde damals ein Pfg. schwerer getragen als heute das Vier- oder Fünffache. Auch so betrachtet flösst das finanzielle Opfer, das der Staat mit der Gründung der Universität brachte, Respekt ein.

Und über die Höhe dieses Opfers ist damals nicht einmal viel diskutirt worden. Mit dem Zweck erkannte man sie als geboten an. W. v. Humboldt hat den Betrag von 150000 Thlr. für die vereinigten Berliner höheren wissenschaftlichen Institute „nach einer zwar nur ungefähren, allein weder zu reichhaltigen, noch allzu sparsamen Berechnung"[1] veranschlagt und diese Jahresdotation ist nach kurzen Verhandlungen in derselben Cabinetsordre vom 16. August 1809, durch welche die Stiftung der Universität noch von Königsberg aus erfolgte, bewilligt worden.

Dagegen hat sich an diese Dotation eine andere Frage von allgemeinerer, auch principieller Bedeutung angeknüpft, welche auch gegenwärtig noch nicht ohne Interesse ist, sowohl als ein Vorfall in der Geschichte unserer Universität, wie in finanzpolitischer Hinsicht. Schon Rud. Köpke's Schrift über die Gründung der Universität (1860) und die ihr beigefügten archivalischen Urkunden haben in diese Verhältnisse einen genaueren Einblick gestattet.[2] Der Sachverhalt ist in Kürze folgender.

Beachtenswerth genug hatte der Finanzminister von Altenstein selbst angeregt, die der Universität und den übrigen
Instituten zu gewährende Dotation nicht als Jahreszahlung auf
die Staatskasse zu nehmen, sondern einen dieser Dotation als
Rente entsprechenden Werthbetrag aus dem Staatsvermögen und
zwar aus den Domänen auszuscheiden, der Universität u. s. w.
als Eigenthum auf ewige Zeiten zu überweisen und ihr auch
zur Verwaltung zu übergeben. W. v. Humboldt, in allen diesen
Dingen stets das treibende Element, befürwortete diesen Plan
lebhaft. Man glaubte dadurch das gemeinsame Interesse des
Staates und der neuen Universität besser zu wahren, das Ein-
kommen der letzteren in Kriegsfällen so völkerrechtlich mehr
zu sichern, es auch unabhängiger von der Finanzlage des Staates
zu machen und wies auch die sich schon verbreitenden Bedenken
gegen öffentliches, von Körperschaften und Behörden verwaltetes
Grundeigenthum als nicht durchschlagend ab. In der Kabinetsordre von 1809 wird demgemäss auch die Domänenverleihung
an die Universität in Aussicht genommen. Die betheiligten
obersten Staatsbehörden sollten alsbald berathen, wie die Sache
am besten durchzuführen sei. In der später auszustellenden
Urkunde sollten dann bestimmte Domänen der Universität zu
Eigenthum übertragen werden. Man ging auch sofort ans Werk.
Aus der Zahl der nicht verpfändeten churmärkischen Domänen,
allenfalls mit Hinzufügung passender Forstparzellen, sollte ein
Komplex, möglichst in der Nähe Berlins liegender Objekte, ausgeschieden werden, im Werthbetrag von 3—4 Millionen Thalern.
W. v. Humboldt vertrat diesen Plan auch noch energisch,
als doch in den Kreisen der Verwaltung mancherlei Bedenken
dagegen auftauchten. Er meinte, nicht nur die grössere finanzielle
Sicherung der wissenschaftlichen Institute in unruhigen Zeiten
werde bloss auf diese Weise genügend verbürgt, ein solches wichtiges

und grosses Institut könne überhaupt nur durch eine Dotation mit Grundeigenthum ordentlich sicher gestellt werden: Für diese Rechtsform der Dotation macht dieser immer hochdenkende Staatsmann vielmehr auch noch einen wichtigen weiteren, einen politischen Gesichtspunkt geltend: es sei „auch an sich eine vom Staate herrührende, aber von den Gesinnungen der jedesmaligen Regierenden unabhängige Dotation eines wissenschaftlichen Instituts im hohen Grade erspriesslich. Sie gebe ihm mehr Selbständigkeit, mehr innere Würde und mehr Vertrauen beim Ausland.“

Das wirksamste Bedenken gegen die Massregel war zunächst nicht ein prinzipielles, sondern ein formal rechtliches, dem sich das Staatsministerium auch anbequemte. Man überzeugte sich, dass die Ausscheidung von Domänen aus dem Staatsbesitz zu Gunsten der Universität in Widerspruch mit den Bestimmungen des erst jüngst erlassenen Edikts und Hausgesetzes vom 6. November 1809 stehe. Hierin war zwar das Verbot der Veräusserung von Domänen von 1713 aufgehoben, aber die Weggabe von solchen an Bedingungen geknüpft worden, welche bei der Dotation der Universität mit Domänen nicht vorlagen.

So glaubte man doch zunächst von der Uebertragung von Domänen zu Eigenthum an die Universität absehen zu müssen. Indessen sollten der letzteren churmärkische Domänen bis zum Jahresertrage von 150 000 Thlr., die im Staatseigenthum zu bleiben hätten, zur freien Benutzung übergeben werden, wogegen rechtliche Bedenken nicht vorlägen. Die Dotation mit Domäneneigenthum blieb vorbehalten, bis es gelungen sein werde, dem Staate aus zu säcularisirenden geistlichen Gütern vollen Ersatz zu schaffen.“

Indessen, die Sache kam weder in der ursprünglich geplanten, noch in dieser modificirten Weise zur Ausführung.

Dies war damals dem Einfluss des neuen Chefs der Abtheilung für Kultus und öffentlichen Unterricht im Ministerium des Innern, von Schuckmann, zu verdanken, der sich dabei freilich von ganz anderen Grundsätzen und Motiven als W. von Humboldt leiten liess." Schuckmann befürchtete gerade nachtheilige Folgen davon, wenn „die höchsten wissenschaftlichen Centralinstitute des Staates nicht bloss in ihrem freien wissenschaftlichen Bestreben und Wirken, sondern auch mit ihrer Subsistenz und Dauer vom Oberhaupte des Staates unabhängig, von dieser Seite gegen das Bestehen der jetzigen Verfassung, des Königs und seiner Dynastie in den Zustand der Gleichgiltigkeit versetzt würden". Mit politischen Momenten, mit dem Hinweis auf die Gefahr der „Schwärmerei in Theorien", des „Sich-Gefallens in Spiel und Wechsel mit solchen", warnte er vor der Gewährung einer zu grossen Unabhängigkeit an die wissenschaftlichen Institute und deren Angehörige, wie sie eine solche Dotation mit Domäneneigenthum seiner Meinung nach leicht mit sich führen würde. „Wie aber, schloss er, auch die Köpfe exaltirt sein mögen, so behalten doch die Mägen immer ihr Recht gegen sie, die einzigen, die in diesem Zustande geschont werden. Wem die Herrschaft über letztere (die Mägen) bleibt, der wird immer auch mit den ersteren (den Köpfen) fertig und wer die Befriedigung der letzteren an seine Wahl bindet, hat die beste Sicherung, dass die ersteren dafür arbeiten". So beantragte Schuckmann beim Staatskanzler von Hardenberg und durch diesen beim König, von der Fundation durch Domänen abzusehen, mindestens bezügliche Anträge dilatorisch zu behandeln.[10] Dieser Vorschlag wurde gebilligt und dabei ist es denn auch in der Folge verblieben. Die Universität Berlin ist von Anfang an und bis in die Gegenwart grösstentheils auf direkte Zuschüsse aus der Staatskasse angewiesen gewesen.

Die Schuckmann'schen Motive sind charakteristisch für den Mann und wohl auch allgemein für Ansichten, welche in gewissen Kreisen der Bureaukratie verbreitet waren, vielleicht hie und da noch heute sich bisweilen finden. Die Gelehrten, die Professoren nicht zu unabhängig werden, sie nicht gefährlichen schwärmerischen Theorien nachhängen lassen, daher die Befriedigung ihrer Mageninteressen unter dem Daumen behalten, meinte Schuckmann. Ein wissenschaftliches Institut, das will eben doch auch hier sagen, seine Angehörigen, bei einer Universität ihre Lehrer, von den Gesinnungen der jedesmal Regierenden möglichst unabhängig machen, ihnen so grössere Selbständigkeit, mehr innere Würde geben, meinte in seinem hohen Gedankenfluge W. v. Humboldt. Wer den würdigeren Standpunkt vertrat, steht ausser Frage.

Und dennoch: sachlich war die getroffene Entscheidung die richtige! Wie ihre Entwicklung, die Steigerung ihres Bedarfs zeigt, hat sich unsere Universität nicht darüber zu beklagen gehabt, dass die Entscheidung über ihre Dotation so gefallen ist, wie es geschehen.

Humboldt's Standpunkt war principiell nach den Motiven, und war auch nach der historischen Entwicklung der älteren Universitäten als selbständigerer Corporationen, nicht unmittelbarer Staatsanstalten, begreiflich, er war aber doch schon um diese Zeit der Gründung unserer Hochschule historisch und praktisch antiquirt.

Seine Ideen in Bezug auf die grössere Unabhängigkeit der Universität und ihrer Lehrer liessen sich und lassen sich noch heute auch bei einer Dotation aus der Staatskasse, wenigstens in einem wichtigen Punkte, genügend verwirklichen, wenn man nur für die Besoldungen der Lehrer von dem mannigfach bedenklichen System reiner Individualverträge, wo dann hüben und drüben doch mitunter etwas, und nicht immer schön, gemarktet
r

wird und von ganz willkürlicher Verwendung von Mitteln aus allgemeinen Dispositionsfonds für Besoldungszuschüsse zu einem festeren Besoldungssystem wie im Staatsdienst übergeht, wobei sich durch einige Abweichungen den Eigenthümlichkeiten der Stellung der akademischen Lehrer schon Rechnung tragen lässt. Vor Allem war die Anweisung einer Universität auf eine ein für allemal feste Dotation mit einem ihr eigenthümlich gehörigen Domänenvermögen schon 1810 und wurde sie vollends für die späteren Zeiten unhaltbar, weil sie eine wesentliche Voraussetzung des Gedeihens einer solchen Anstalt, die richtige normale Weiterentwicklung, soweit diese von materiellen Bedingungen, wie Höhe der Einnahmen, abhängt, nicht erfüllt. Es ist merkwürdig, dass selbst ein W. v. Humboldt das nicht richtig erfasst hat.

Jener Altenstein-Humboldt'sche Dotationsplan beruht übrigens auf einer Auffassung, welche in der Behandlung öffentlicher und namentlich auch finanzieller Angelegenheiten damals noch allgemein verbreitet und in hohem Grade charakteristisch ist. Man kennt und beachtet eben das Moment der Entwicklung nicht, man stellt sich alles immer wie in einem im Wesentlichen festen Beharrungszustande vor; diesen, nicht die Entwicklung sieht man gewissermassen als das Naturgemässe an, trifft danach seine Einrichtungen, danach für finanzielle Bedürfnisse deren Bedeckung. Die Entwicklung der Dinge als nothwendige Ursache steigenden Finanzbedarfs, die Bereitstellung wachsender Einnahmen wieder als nothwendige materielle Voraussetzung der gebotenen und naturgemässen Entwicklung, das sind Gedanken, welche der Zeit, selbst den erleuchtesten Köpfen noch ganz fern liegen. Das zeigen damals und noch lange später auch die leitenden Gesichtspunkte bei allen Finanz-, Steuer-, Staatsschuldenreformen. Da rechnete man niemals genügend, oft gar nicht mit dem wachsenden Finanzbedarf, der Wirkung wirthschaftlicher, socialer, culturlicher, technischer Fortentwicklung und sah noch nicht ein, wie schon dieser Verhältnisse wegen der Staat und seine Institutionen finanziell nicht mehr auf Domänen fundirt werden konnten. Das Entwicklungsprincip hatte eben wie in der Wissenschaft so in der Staatspraxis noch keinen Platz gefunden. Die nothwendige Entwicklung einer grossen modernen Hochschule berücksichtigte auch der Humboldt'sche Dotationsplan noch nicht. Welche gewaltige Entwicklung hat seit ihrer Gründung vor noch nicht drei Menschenaltern unsere Universität genommen! Für die äussere Entwicklung haben wir genügende deutliche Anhaltspunkte, welche sich statistisch darstellen lassen. Freilich kann die Statistik immer nur quantitativ messen und vergleichen. Die wichtigere qualitative Vergleichung setzt ein ganz anderes, viel schwierigeres, indessen doch auch unsichereres Verfahren voraus, dessen Ergebnisse unvermeidlich zugleich weniger objektiv sind. So behält die quantitative statistische Messung und Vergleichung doch auch hier immer ihren Werth.

Nach der Höhe und Zusammensetzung der studentischen Frequenz, der Zahl der Lehrkräfte aller drei akademischen Rangstufen, nach Zahl, Umfang und Bedeutung der Institute und Sammlungen, nach der Grösse der finanziellen Erfordernisse ist die Entwicklung der Berliner Universität gewaltig und bedeutender als diejenige jeder anderen deutschen Hochschule gewesen."[1]

Nach der studentischen Frequenz gemessen ist Berlin, — allerdings mit starken Schwankungen '"[2] —, doch schon im zweiten Jahrzehnt seines Lebensalters, seit Mitte der 1820er Jahre an die Spitze aller deutschen Universitäten auf heutigem Reichsgebiete getreten und neuerdings ist auch vor dem alten Wien, welches uns noch länger in der Frequenz überlegen geblieben war, der Vorsprung errungen worden. Eine um so bedeutsamere Entwicklung, weil auch fast alle anderen deutschen Universitäten in den letzten Jahrzehnten stark in der Frequenz zugenommen haben. Berlins Entwicklung vollzog sich also nicht gerade auf Kosten der übrigen Universitäten, von denen zudem Leipzig zeitweise uns übertroffen hat und neuerdings München uns nahe gekommen ist. Unsere beiden in diesem Punkte jetzt bedeutendsten hochachtbaren Rivalen. Von der Maximalfrequenz von 2000 und einigen Hundert immatrikulirten Studenten in den bei uns bekanntlich immer etwas stärker besuchten Wintersemestern und einer höchsten Sommerfrequenz von 2000 in den 1860er Jahren vor dem französischen Kriege und der Wiederaufrichtung des Deutschen Reichs sind wir seit Mitte der 1880er Jahre regelmässig auf die doppelte Höhe dieser Ziffern gekommen und, auch wieder mit einigen Schwankungen, darauf geblieben. Eine Winterfrequenz von 5000 und einigen Hundert, eine Sommerfrequenz von weit über 4000 immatrikulirten Studenten bilden jetzt fast schon das Normale. Mehrfach sind diese Zahlen bereits erheblich überschritten worden.¹² Die zahlreichen Hospitanten, unter denen wir ja das schöne Geschlecht neuerdings auch bereits in nicht ganz unerheblicher Zahl — und befriedigender Qualität füge ich hinzu — vertreten sehen, sind hierbei noch gar nicht berücksichtigt.¹³

An dieser Steigerung der Frequenz haben, seit dem Minimum Mitte der 70er Jahre, wieder mit Schwankungen und zum Theil mit relativ bedeutenden, in verschiedenen Perioden alle Fakultäten Theil genommen, am nachhaltigsten und stärksten, zumal in neuester Zeit, die juristische. Doch während die drei „oberen" Fakultäten in der Frequenz immer noch, auch noch jüngst und jetzt, von denjenigen einzelner anderer Universitäten erreicht, selbst übertroffen werden, wie die juristische und medizinische semesterweise früher von Leipzig, jetzt von München, bleibend und erheblich von Wien, so überragt die Frequenz der philosophischen Fakultät fast beständig in Berlin weit diejenige aller anderen Universitäten, jetzt um 800—1000, das, nach dieser Seite betrachtet, charakteristische Gepräge unserer Studentenschaft und unserer Hochschule.[15]

Aber auch in der Zusammensetzung nach Landes- und Staatsangehörigkeit innerhalb des Reichs wie unter Einbeziehung des Auslandes sind in der Berliner Studentenschaft bemerkenswerthe Veränderungen eingetreten.[16] Sie haben unserer Universität immer mehr den Charakter als wahrer deutscher Central-Hochschule und zugleich als wahrer Weltuniversität gegeben, wie ihn in ersterer Hinsicht keine andere deutsche, in letzterer keine andere europäische Universität, selbst Paris kaum mehr in höherem Grade, besitzt. Die entlegeneren preussischen Provinzen, dann besonders und hoch erfreulich auch in politischer und patriotischer Hinsicht, die süddeutschen und mitteldeutschen Staaten, senden uns immer grössere Schaaren ihrer studirenden Landeskinder, zumal in den Wintersemestern. Dadurch erhält unsere Studentenschaft ein so stark „gesammt deutsches" Gepräge, wie kaum eine andere. Der „studentische Austausch" zwischen den deutschen Universitäten ist natürlich ziemlich allgemein unter den neueren Verkehrsverhältnissen reger, weil leichter und wohlfeiler geworden. Aber Berlin bildet neben München wieder einen besonders starken allgemeinen Gravitationspunkt für die deutsche Studentenschaft.[17] Es ist von grossem Interesse, dies statistisch näher zu verfolgen, was ich mir hier versagen muss. Ich will mich mit der einen Angabe begnügen, dass die süddeutschen Studenten, vor 25 Jahren ein paar Dutzend, zeitweise kaum ein Dutzend, jetzt 300—400 betragen.

Neben den Studenten aus dem Reich aber nun die
wachsende Zahl der Reichsausländer, sowohl — was leider unsere
akademische Statistik nicht zu unterscheiden erlaubt, so wichtig
es wäre — solcher deutscher Nationalität aus der Schweiz,
Oesterreich, Ungarn, Polen, Russland, den baltischen Provinzen,
als auch fremder Nationalität aus fast allen europäischen Ländern
und aus anderen Welttheilen, namentlich aus Nordamerika.") Auf-
fallend bleibt der zwar auch langsam wachsende, aber immer
noch recht schwache Besuch Berlins durch Oesterreicher. Hier
zeigt sich die neue politische und vielleicht auch die alte Ab-
trennung der Geisteskultur von einem noch nicht überwundenen
Einflusse, während der starke und immer steigende Besuch
Berlins aus der Schweiz, der dreimal den aus Deutsch-Oesterreich
übertrifft, doch trotz der viel älteren politischen Trennung auf
die Macht der alten nationalen und Kulturgemeinschaft hinweist.
Aus Ungarn studiren ebenso viele oder selbst mehr junge Männer
hier, wie aus Deutsch-Oesterreich. Die Europäer nicht-deutscher
Nationalität sind natürlich immer nur in kleinen Zahlen vertreten, von Russen und Polen abgesehen. Aber ganz unbedeutend
sind doch die Zahlen der Italiener, Briten, Scandinaven, selbst
der Franzosen nicht mehr. Dagegen fällt es auf, dass unsere
nächsten germanischen Vettern, die Holländer, Belgier (Vlämen)
und vollends die Dänen nur spärlich vertreten sind, obgleich
jetzt doch auch regelmässig und in etwas steigender Zahl, besonders die Holländer. Die Entfremdung der Geisteskultur der
beiden ersten vom deutschen Mutterlande, die politische Ver-
stimmung der Dänen sind hier offenbar noch nicht überwunden.
In stärkeren Kontingenten erscheinen von den Fremden ausser
den Russen und Schweizern, von denen aber sicher die ersteren
viele, die letzteren meistens Nationaldeutsche umfassen, nur die
Nordamerikaner, sowohl angloamerikanischen, wie auch deutschen

Ursprungs, von welchen letzteren freilich trotz der deutschen Familiennamen leider die meisten schon die Sprache der Väter verloren haben. Immerhin möchten gegenwärtig die fremdnationalen Elemente unter unserer Studentenschaft von den ca. 700 Reichsausländern an 400—500 betragen, 8—10% der Winter-, fast 9—11% der Sommerfrequenz. Für den Weltcharakter unserer Universität fällt das ins Gewicht.

So hat sich Berlin in der That nach der Grösse und Zusammensetzung seiner studentischen Frequenz wirklich zur Weltuniversität entwickelt, wie einzelne mittelalterliche italienische, wie das alte und das moderne Paris. Ob man Berlin in der Gegenwart nach einem schon gefallenen stolzen Worte bereits „die erste Universität der Welt" nennen darf, sind wir Angehörige dieser Hochschule nicht competent zu entscheiden. Darüber kann auch nur dermaleinst von einer höheren historischen Warte aus, wo sich alles objektiver vergleichen lässt, ein Urtheil gefällt werden. Streben wir nur alle, Docenten und Studenten, dass es günstig ausfalle. Die Frequenz ist natürlich auch nur eines der äusseren Kriterien, nicht das wichtigste. Schwerer wiegen die Ausdehnung, Vielseitigkeit, Gediegenheit, Methodik des Unterrichts, die Bedeutung der Lehrer und Forscher, der erzielte Erfolg für die Verbreitung und Vertiefung richtiger Methoden und tüchtiger wissenschaftlicher wie zu den grossen Lebensberufen, zu denen der akademische Unterricht vorbereitet, hinführender Fachbildung. Auf das, was auch in dieser Hinsicht äusserlich, statistisch sich erfassen lässt, werde ich alsbald noch einen Blick werfen.

Aber wenigstens an der Frequenz gemessen darf doch der Rang der prima inter pares für unsere Universität unter den deutschen Schwesteranstalten beansprucht werden. Und um mehr als einen solchen Rang, den man ja kaum einen Vorrang nennen

2

kann, handelt es sich ja glücklicher Weise bei der Rivalität der deutschen Universitäten unter einander, welche sich unter sich immer als gleiche betrachten, überhaupt nicht, auch nicht unter den gegenwärtig grössten, d. h. besuchtesten, Berlin, Wien, München, Leipzig. Freuen wir uns vielmehr: alle unsere deutschen Universitäten sind die Glieder eines gemeinsamen grossen nationalen Ganzen; auch heute noch, und heute erst recht gehören die deutschen Universitäten ausserhalb des Reichs ebenfalls dazu, die österreichischen und schweizerischen so gut wie die preussischen, bayrischen u. s. w. und wie früher auch das deutsche Dorpat, bevor es durch unverdiente Degradation zum russischen Jurjew eine grausame capitis deminutio erlitten hatte.

W. v. Humboldt's Wunsch in dem Bericht über die Gründung der Universität an den König Friedrich Wilhelm III., dass „die hiesige Anstalt durchaus etwas andres als eine blosse Laudes-Universität werden, dass sich danach ihr ganzer Zuschnitt von Anfang an richten müsse und dass alsdann wohl zu hoffen sei, die Anzahl der Studirenden werde hier bedeutend werden", hat sich so freilich weit über aller Erwartung hinaus erfüllt.

Was aber den Weltcharacter unserer wie allerdings wieder der Gesammtheit der deutschen Universitäten als höchster Art der Unterrichtsanstalten der Culturwelt im 19. Jahrhundert anlangt, so erinnere ich mich gern eines eigenen Erlebnisses und des Urtheils eines Fremden. Ich besuchte vor einigen Jahren auf den Wunsch eines italienischen Fachgenossen einmal in Rom den damaligen greisen Ministerpräsidenten Depretis. Wir kamen auf die deutschen Universitäten, auf Berlin zu sprechen. Mein Begleiter hob hervor, wie viele italienische Universitätslehrer der Nationalökonomie und Statistik in Deutschland, besonders in Berlin, ihre Studien gemacht. „Ja, ja", bemerkte mit der Ruhe des Alters, aber auch mit einer gewissen Wehmuth der greise

Staatsmann: „hiess einst es Bononia docet, jetzt heisst es Germania docet." Ein schönes, ein erhebendes Wort aus dem Munde eines urtheilsfähigen Ausländers, ein Wort, das stolz machen kann, aber auch — Pflichten auferlegt, nicht nur gegen unsere Heimath, unsere Nation, nein, gegen die Welt, die Menschheit. — Auch die übrigen äusseren Verhältnisse unserer Universität, die Zahl der Lehrkräfte, der Institute u. s. w. werden durch statistische Daten darüber gut illustrirt. Ich muss gleichwohl hier darauf verzichten, Sie mit vielen Angaben zu überschütten und damit zu ermüden. Weiss ich doch sehr wohl, dass das aufnehmende Sinnesorgan für Statistik nicht das Ohr, sondern das Auge ist. Nur einige grössere Züge der erreichten Entwicklung will ich durch einige Zahlen illustriren und so charakterisiren."

Unsere Hochschule begann in ihrem ersten Jahre ihre Laufbahn unter ihren Schwesteranstalten mit einem Lehrkörper von 46 Personen, darunter 25 Ordinarien, 7 Extraordinarien, 14 Privatdocenten. Diese Anzahl war nach 20 Jahren, 1830—31, schon auf beinahe das Dreifache gewachsen, auf 121, nach den drei Kategorien der Lehrer 48—41—32. Von da an ging die Entwicklung einige Jahrzehnte lang, ja an vierzig Jahre bis in die siebziger hinein, verhältnissmässig langsamer vorwärts, zumal bei den Ordinarien, während die Extraordinarien und vollends die Privatdocenten immerhin sich noch rascher vermehrten. Im Jahre 1870 zählten wir 168 Lehrer, 54 Ordinarien, 53 Extraordinarien, 61 Privatdocenten. Letztere hatten sich seit 1830—31 also fast verdoppelt, die Gesammtzahl der Lehrer aber nur um ⅓ erhöht. Gegen das erste Jahr der Universität hatte sie sich jedoch fast verdreifacht, indem die Docenten auf das mehr als Vierfache, die Extraordinarien auf mehr als das Siebenfache, die Ordinarien allerdings nur auf etwas über das Doppelte gestiegen waren.

Der gewaltige weitere Aufschwung in der Zahl der Lehrkräfte erfolgte erst seit jenem Epoche machenden Jahre unserer
deutschen Geschichte, seit der Gründung des Reichs, ein Zeitpunkt, welcher sich in unserer Universitätsgeschichte, wie in derjenigen der Stadt Berlin deutlich markirt. In diesem letzten Vierteljahrhundert sind unsere Lehrkräfte auf 345—347 angewachsen,
haben sich somit seit 1870—71 mehr als verdoppelt. Die Zahl
der Ordinarien stieg von 54 auf 86—88, der Extraordinarien,
einschliesslich der zahlreicher gewordenen (12) Honorarprofessoren,
von 53 auf 92, der Privatdocenten gar von 61 auf 167, allein
um das Zweizweidrittelfache. In den 85 Jahren des Bestehens
der Universität ist also eine Versieben- bis achtfachung der
Lehrkräfte, eine Verdrei- bis vierfachung der Ordinarien, eine
Verdreizehnfachung der Extraordinarien, eine Verzwölffachung der
Privatdocenten, eingetreten.

Welche ungeheure Ausdehnung, Vertiefung, Specialisirung
der Lehre wie der Forschung stellt diese Entwicklung dar! Wie
viel hat dazu, das sei besonders betont, das Institut der Privat-
docentur beigetragen und wie wesentlich sind dadurch sowie
durch die Extraordinariate die fast unvermeidlich vorhanden
gebliebenen Lücken im Universitätsunterricht dankenswerth ergänzt
worden. Die Vermehrung der Ordinariate, die doch die amtlichen
Hauptträger des Unterrichts sind, ist ja eine erfreulich bedeutende,
zumal wieder seit 1870, aber längst hätte sie allein für das
Lehrbedürfniss nicht mehr ausgereicht.

Mit diesen Zahlen, bei denen ich ein für allemal die Lectoren
und Sprachlehrer ausgeschlossen habe, steht Berlin jetzt unter den
Universitäten des Reichs und allen übrigen deutschen, ausser
Wien, bei Weitem an der Spitze, was den sich so documentirenden
äusseren Umfang des Unterrichts anlangt. Leipzig mit 209 hat
nicht zwei Drittel, München mit 172 nur die Hälfte so viel

Lehrkräfte. Das Uebergewicht liegt aber hier wie gegen die
anderen Universitäten vornehmlich in den Docenturen und Extra-
ordinariaten, welche letztere nur in Leipzig auf nicht viel geringere
Anzahl steigen wie bei uns. In den Ordinariaten ist der Unterschied selbst gegen die kleineren Universitäten nicht so stark,
begreiflicher Weise. Doch übertrifft auch hierin Berlin selbst die
Universitäten mit den zahlreichsten Ordinariaten, wie München (72),
Leipzig und Bonn (67) immer noch um 12—17, die kleinste,
Rostock (31), fast um das Dreifache. Nur Wien steht in der
Gesammtzahl der Lehrkräfte gegenwärtig Berlin genau gleich
(Winter 1895—96 314), übertrifft uns sogar um 10—12 Ordi-
nariate und 19 Docenturen, steht dagegen an Extraordinariaten
nicht unerheblich zurück.[20]

Sehr verschieden ist freilich die Entwicklung der einzelnen
Fakultäten und innerhalb der Gruppen, welche man in der
philosophischen Fakultät unterscheiden kann. Ich muss mich
hier aber vollends mit einigen summarischen Vergleichungen
begnügen.[21]

Die zwei ersten Fakultäten, die theologische und juristische,
stellen in Hinsicht der Vermehrung des Lehrpersonals betrachtet
das mehr stabile Element gegenüber den beiden anderen, der
medicinischen und philosophischen Fakultät, dar, welche in ihrem
viel stärkeren Wachsthum ihrer Lehrkörper als das mehr in
Entwicklung begriffene, das fortschrittliche Element erscheinen.
Darin spiegelt sich der Einfluss bekannter Verhältnisse deutlich
ab, der stärkeren wissenschaftlichen Arbeitstheilung und Specialisirung, der Gewinnung neuer Forschungs- und Lehrgebiete, nicht
zum Wenigsten auch der immer grösseren Entwicklung der
induktiven Forschung, welche unvermeidlich mehr Arbeiter wie
Lehrer bedarf. Vielleicht ist auch der Eine oder Andere geneigt,
darin einen äusseren statistischen, selbst wieder erfahrungsmässig

„induktiven" Beweis für den „Uebergang vom philosophischen in das naturwissenschaftliche Zeitalter" zu finden, welcher sich seit der Gründung unserer Universität vollzogen haben soll. Und in Einer Hinsicht nicht mit Unrecht. Denn es sind allerdings in den genannten beiden unteren Fakultäten eben die theoretischen und praktischen naturwissenschaftlichen Fächer von einer immer grösser gewordenen Anzahl Lehrern vertreten. Indessen haben die geisteswissenschaftlichen Disciplinen in der philosophischen Fakultät, die philologischen und besonders die historischen Fächer nach der Vermehrung der Lehrkräfte kaum eine geringere Entwicklung aufzuweisen: aus den gleichen Ursachen wie die naturwissenschaftlichen, — grössere Arbeitstheilung, stärkere Specialisirung, vermehrte und verbesserte induktive Forschung, Erringung neuer Forschungsgebiete auch hier.

Entsprechend der Sachlage war die Zahl der Lehrer in Berlin schon von Anfang an in den beiden „unteren" Fakultäten grösser als in den beiden anderen. Eine bedeutende relative Vermehrung will daher hier noch viel mehr besagen, die absoluten Zahlen sind noch beweiskräftiger.

Fasst man die Zahl der gesammten Lehrkräfte der beiden oberen und der beiden unteren Fakultäten zusammen, so hat sich diese seit 1811 bei den ersteren von 8—12 auf 32 bis 1870, auf 45 bis 1896, bei den letzteren von 38 auf 136 und 300 gehoben.

Die Zahl der Ordinariate ist in diesen drei Perioden bei jenen von 6—8 auf 14 und jetzt auf 20, der Extraordinariate von 1 auf 10 und wieder um 10, der Docenturen von 1—2 auf 8 und 11 gestiegen; dagegen bei diesen, den Medicinern und Philosophen, sind die Ordinariate von 19 auf 40 und 68, die Extraordinariate (mit Honorarprofessuren) von 6 auf 43 und c. 80, die Docenturen von 13 auf 78 und c. 225 angewachsen.

Auf die weiteren Einzelheiten, die sich nur für eine tabellarische Darstellung eignen, kann ich hier nicht eingehen und will für die vier Fakultäten bloss noch die Vermehrung der Ordinariate von 1811 bis 1870 und 1896 angeben. Sie stieg bei den Theologen von 3—4 auf 5 und 9, bei den Juristen von 3—4 auf 9 und 11, bei den Mediciuern von 6 auf 13 und 15, bei den Philosophen aber von 13 auf 27 und 53. Von letzteren gehören doch nur 16 den Naturwissenschaften, 37 den Geisteswissenschaften (einschliesslich Mathematik mit 4) an.

Erst eine Statistik der Vorlesungen und Uebungen selbst, specialisirt nach den einzelnen Wissenschaftsgebieten würde einen vollen Einblick darein gewähren, was diese riesige Vermehrung der Lehrkräfte für die quantitative und doch auch mit für die qualitative Entwicklung des Universitätsunterrichts besagen will. Ich muss an diesem Orte verzichten, darauf einzugehen. Jeder Kenner der Verhältnisse weiss, dass eine solche Statistik noch viel erstaunlichere Thatsachen einer grossartigen Entwicklung ergiebt, als die bisher mitgetheilten Daten.

Dagegen will ich mich jetzt noch zu der finanziellen Seite der Entwicklung und zu den Instituten und Sammlungen wenden. Ausführungen, welche wiederum zeigen werden, wie auch bei einer Universität Alles mit von der regelmässigen Vermehrung der materiellen Hilfsmittel abhängt, feste Dotationen, nach solche, deren Erträge, wie bei Domänen, wohl ebenfalls wachsen, aber nicht mit der erforderlichen Regelmässigkeit und Stärke, wie nach dem Humboldt'schen Plane, also nicht ausreichen können.

Natürlich ist mit der Vermehrung der Lehrkräfte auch das Erforderniss des persönlichen Aufwands für Besoldungen u. s. w. stark gestiegen. Aber trotz der bedeutenden und dankenswerthen Gehaltsverbesserungen, welche besonders in dem letzten

Vierteljahrhundert, freilich nach den individuellen Antheilen in zu ungleichem Maasse, erfolgt sind, ist der gesammte Besoldungsaufwand nicht so stark gewachsen, als zu erwarten gewesen wäre. Denn die Universität verfügt in den Privatdocenten, von den wenigen Empfängern von Docentenstipendien abgesehen, und leider auch immer noch in der nicht unbedeutenden Zahl unbesoldeter Extraordinarien über ein starkes Kontingent ihr unentgeltlich dienender Lehrkräfte.

So ist der Besoldungsetat[77] der ordentlichen und ausserordentlichen Professoren von 116550 M. in 1811 auf 183650 M. in 1834 und 321000 M. in 1870, also immerhin fast auf das Dreifache gestiegen. Seitdem bis 1895/96 hat sich diese Summe aber wieder weit mehr als verdoppelt, auf 743300 M. und mit Inbegriff der Wohnungsgelder sogar auf etwa 865000 M. erhöht, das Zweizweidrittelfache von 1870, das mehr als Siebenfache der Summe von 1811, also die gleiche Steigerung wie die Zahl der Lehrkräfte, die doch zu $\frac{4}{7}$ unentgeltlich dienen.

Daraus ergiebt sich schon, wie bedeutend die Durchschnittserhöhung der Besoldungen gewesen ist.[8] Ich will auch darauf hier nicht weiter eingehen, als indem ich erwähne, dass gegen 1834, wo die Gehalte durchschnittlich etwas kleiner als 1811 gewesen sind, die Besoldungen der Ordinarien sich bis 1870 nicht ganz um ein Drittel erhöht, bis 1896 aber erheblich mehr als verdoppelt, diejenigen der besoldeten Extraordinarien sich bis 1870 um mehr als ein Drittel, bis 1896 aber um fast das Dreifache erhöht haben. Man wird danach, selbst abgesehen von den gleichfalls stark gestiegenen amtlichen Nebeneinnahmen aus Collegienhonoraren und Gebühren, eine sehr erhebliche durchschnittliche Verbesserung der materiellen Stellung der besoldeten akademischen Lehrer dankbar anerkennen müssen. Sie war besonders auch im letzten Vierteljahrhundert wohl wesentlich günstiger, als im höheren Civildienst des Staates.

Allerdings handelt es sich hier nur um die Vergleichung von Durchschnitten. Der missliche verbliebene Punkt, in welchem keine durchgreifende Verbesserung eingetreten ist, liegt in der grossen und wohl vielfach zu grossen individuellen Differenzirung der Besoldungen und Bezüge, der zu weit auseinander gehenden Maxima und Minima. Wie bei dem allgemeinen socialökonomischen Problem der „Einkommenvertheilung" braucht auch hier nicht das Princip der Ungleichheit, wohl aber können das Maass der letzteren und die dieses bestimmenden Factoren meines Erachtens mit Recht bemängelt werden. Freilich hängt das mit der ganzen Frage des akademischen Besoldungssystems, des Honorarwesens und mit der einmal historisch entstandenen Verschiedenheit vom Besoldungsystem im sonstigen Staatsdienst zusammen. Erhebliche Missstände sind da indessen kaum mehr zu leugnen, die Ungleichheiten der ökonomischen Lage unter sonst Gleichstehenden sind zu gross geworden. Passende Reformen, welche nicht nothwendig mit dem historisch Gewordenen brechen, wohl aber es modificiren müssen, werden schwerlich lange mehr ausstehen können und wie ich glaube zum Heile der Universitäten wie ihrer Lehrer ausfallen.

Sehr wichtig ist aber noch ein anderer finanzieller Punkt und die darin erfolgte Entwicklung, nämlich das Verhältniss des persönlichen Finanzbedarfs für die Lehrer zu dem Gesammtbedarf und namentlich auch zu dem wesentlich sachlichen Bedarf für die Institute und Sammlungen.

Anfangs kam, wie damals noch allgemein, der grösste Theil des Universitäts-Finanzbedarfs auf die Besoldungen der Professoren. Die allgemeine Verwaltung kostete wenig, die Institute und Sammlungen ebenfalls nicht viel. Bei Berlin standen letztere allerdings nicht alle auf dem Universitätsetat. Auch sind, wie in den älteren und noch den gegenwärtigen amtlichen Etats, so auch bei allen

meinen Daten und Veranschlagungen Posten, welche bei einer
ganz rationellen Rechnung eigentlich mit zu berücksichtigen
wären, wie namentlich die erheblichen Nutzungswerthe der Amts-
gebäude, hier nicht mit einbezogen. Kein unbedeutender Betrag
wäre z. B. gleich für unser Universitätsgebäude einzusetzen, den
ehemaligen Prinz Heinrich-Bau, den bekanntlich unsere Hochschule
gleich bei ihrer Stiftung durch Königliche Munificenz als Geschenk
überwiesen erhalten hat.

Im Jahre 1811/12 kostete die Universität dem Staate
51147 Thlr., davon die Gehalte der Professoren mit 38850 Thlr.,
71,8 pCt., die auf dem Etat der Universität stehenden Institute
und Sammlungen mit 13098 Thlr., 24,2 pCt." Im Jahre 1834,
wo der Etat auf fast 100000 Thlr., die Gehalte der Professoren
auf 64550 Thlr. gestiegen waren, erforderten die letzteren nur noch
64,6 pCt., die Institute u. s. w. mit 26148 Thlr. 26,2 pCt., bei meist
noch ausserordentlich dürftigen Dotationen, — bei der Universitäts-
bibliothek z. B. 500 Thlr.! Später, besonders seit der consti-
tutionellen Zeit werden die Etats vollständiger und rationeller, die
Nebenetats einzelner Institute immer mehr auf den allgemeinen
Universitätsetat gebracht. Die Daten sind aber eben deshalb
mit den älteren nicht ganz genau vergleichbar. Doch wird es
ziemlich stimmen, wenn man für 1870 die Besoldungen u. s. w.
auf 107000 Thlr., den Aufwand für die Institute schon auf
89000 Thlr. ansetzt, d. h. jene betrugen vom Gesammtbedarf
nur noch 52,8, diese schon 40,1°/₀

Seitdem ist aber ein gewaltiges Uebergewicht des Ausgabe-
postens für Institute und Sammlungen eingetreten. Im laufenden
Etat (1896/97) betrugen die Besoldungen u. s. w. des Lehrkörpers mit ca. 865000 M. nur noch ca. 30,9°/₀ der un-
mittelbare specialisirte Aufwand für Institute und Sammlungen
aber, zu dem noch manch Anderes hinzutritt, beträgt 1181000 M.

oder ca. 52,9% der Gesammtausgabe. Würde man gar für die
Gebäudeanlagen und Einrichtungen der Institute, welche mit
Geldern aus dem Extraordinarium des Staatshaushaltsetats be-
stritten worden sind, Zins- und Amortisationsbeträge einrechnen,
so würde sich der Aufwand für diese Institute noch beträchtlich
erhöhen und das erlangte Uebergewicht über den Besoldungsetat noch viel grösser erscheinen.

Es ist von grossem, nicht nur finanzstatistischem, sondern
in der That auch von allgemeinem Interesse, für die Kenntniss
der Entwicklungsgeschichte unserer Universitäten, genauer im
Einzelnen die eingetretenen Umänderungen zu verfolgen. Ganz
ähnliche zeigen sich bei allen Universitäten. Es offenbart sich
hierin eben auch die Wirkung eines bedeutsamen methodischen
Umschwungs in der Pflege der Wissenschaften, in Forschung und
Lehre. Doch muss ich, vollends hier im Rahmen dieser Rede,
darauf verzichten, auf das Einzelne einzugehen und mich mit
einigen Andeutungen begnügen.[25]

Den Löwenantheil an dieser Steigerung des Bedarfs haben
die naturwissenschaftlichen und medicinischen Institute und
Sammlungen gehabt. Schon von 1834—1870 ist der Staatszuschuss dafür (ohne botanischen Garten) um das 1½ fache, seitdem bis 1896 wieder um das 5 fache und seit 1834 mindestens
um das 14 fache, von rund 60 000 auf rund 840 000 M. gestiegen.
Bis 1870 war die Vermehrung stärker bei den naturwissenschaftlichen Instituten und Sammlungen, als bei den klinischen Instituten.
seitdem ist es umgekehrt. Neben dieser Steigerung und den
erreichten absoluten Beträgen fällt die erfreuliche Erhöhung der
Dotation des dem allgemeinsten Universitätsinteresse dienenden
Instituts, der Bibliothek, zwar absolut wie relativ schon ins Gewicht.
Ihr Etat ist von 1500 M. 1834 bis auf 10500 in 1870 und auf
56 000 M. jetzt gestiegen. Aber allein z. B. das Museum für
Naturkunde erheischt mehr als das Dreifache dieser Summe.

Hoch erfreulich ist sicherlich die Entwicklung der geisteswissenschaftlichen Seminare und Institute. Der Aufwand dafür, der 1870 kleiner war als schon 1834, hat sich seit 1870 immerhin verdreifacht, die Zahl der Institute ist von 4 auf 16 gestiegen, diese kosten aber jetzt zusammen immer noch nicht 18 000 M., ein Betrag, der fast von jedem einzelnen naturwissenschaftlichen und medicinischen Institut, meist weit, überschritten wird. Die Dotationen einzelner geisteswissenschaftlicher Institute sind immer noch winzig, diejenigen des theologischen, philologischen und mathematischen Seminars sogar kleiner als schon 1870 und früher. Nur das etwas apart stehende orientalische Seminar, das zugleich practischen Zwecken dient, hat einen Etat von ca. 100 000 M., welcher sich mit demjenigen naturwissenschaftlicher und medicinischer Institute vergleichen lässt.

Die ungeheure Steigerung des Finanzbedarfs dieser Institute ist besonders deswegen bemerkenswerth, weil sie offenbar grossentheils eine Folge des Umschwungs und Fortschritts der Naturwissenschaften aus der speculativen in die exacte inductive Forschungsrichtung ist. Die ganz anderen Anforderungen, auch bezüglich der methodischen Ausbildung der Schüler, hängen damit zusammen. Je mehr andere Wissenschaften sich in ähnlichen Bahnen bewegen, desto mehr wird hier prinzipiell Aehnliches geboten sein. Die Entwicklung der geisteswissenschaftlichen Seminare und Institute ist ein Beleg hierfür. Aber auch in nationalökonomischer Hinsicht ist diese Entwicklung bemerkenswerth: auch für den Wissenschaftsbetrieb sind nunmehr bedeutendere kapitalistische Hilfsmittel, grössere stehende Kapitalanlagen, mächtigere technische Apparate nothwendig, eine Mitfolge und wieder eine Bedingung des Fortschritts der Wissenschaft. Die „reine" Geistesarbeit reicht hier so wenig mehr aus als die blosse Handarbeit in der Wirthschaft. Daher denn in den grossen naturwissenschaftlichen Instituten ein kapitalistisches Seitenstück zu den fabrikativen Grossbetrieben.

Und nebenbei ein Beweis, dass der Dichter Unrecht hatte, wenn er seinen Faust sagen lässt:

Geheimnissvoll am lichten Tage,
Lässt sich Natur des Schleiers nicht berauben,
Und was sie deinem Geist nicht offenbaren mag,
Das zwingst du ihr nicht ab mit Hebeln und
  mit Schrauben.

Sie hat es sich eben doch mit solchen Mitteln abzwingen lassen und thut es täglich mehr. —

Gewiss ist der grosse steigende Finanzaufwand für naturwissenschaftliche und medicinische Institute durchaus gerechtfertigt. Er ist auch eminent productiv, selbst im eigentlich wirthschaftlichen Sinne, man braucht nur an die Rückwirkung der Fortschritte der wissenschaftlichen Chemie und Physik auf die Industrie, auf das öffentliche Gesundheitswesen zu denken. Unseren Laboratorien verdankt unsere chemische Industrie ihre heutige Weltstellung.

Aber immerhin führt gleichwohl diese Steigerung des Bedarfs auch wieder zu neuen Finanzproblemen hinsichtlich seiner Deckung. Schon in der alten Einrichtung der Kollegienhonorare, im bisherigen Gebührenwesen der Universitäten wird in richtiger Weise nach dem finanzwissenschaftlichen Begriff und der Funktion der „Gebühren" ein nicht unerheblicher Theil des Kostenaufwandes der Einrichtungen den unmittelbaren Nutzniessern und Veranlassern zur Tragung zugeschoben, — denn auch bei den Honoraren und Gebühren ist die Berechtigung einer Zahlungspflicht ganz ausser Frage, fraglich nur etwa das Ob und Wie und Wieviel des p r i v a t e n Bezugsrechts —. Jetzt entsteht mit Recht bei den so kostspielig gewordenen Instituten die Frage, ob nicht auch hier in erhöhtem Maasse oder ganz neu die Studenten in Gebührenform zur Kostendeckung mit herangezogen werden sollten. Ich glaube, im Princip wäre das unbedingt zu bejahen, auch wohl mit dem Unterschied geringerer Belastung der deutschen Reichsangehörigen, stärkerer der Ausländer.[*]

Alsdann würden sich auch wohl leichter Mittel für die geisteswissenschaftlichen Interessen finden. Einstweilen müssen sich die diesen dienenden Institute immer noch mit den Brosamen begnügen, welche für sie nach Befriedigung der Ansprüche der naturwissenschaftlichen Anstalten abfallen.

Schon länger wird durch die steigenden Einnahmen „aus eigenem Erwerb", d. h. aus Gebühren u. dgl., welche in die Staatskasse fliessen, in Berlin wie in den anderen preussischen Universitäten eine erhebliche Quote des Kostenaufwandes gedeckt, gegenwärtig von dem specialisirt im Etat nachgewiesenen Aufwand Berlins ein Sechstel (448 191 M. von 2 647 636), bei allen preussischen Universitäten sogar ein Sechstel bis ein Fünftel (2 124 170 M. von 11 417 345). Es ist billig, dass diese Quote noch wächst.[5])

Aber durch Gebühren kann und darf immer nur ein solcher Theil der Kosten öffentlicher Einrichtungen zur Deckung gebracht werden, welcher nach billiger Abwägung dem Sonderinteresse der unmittelbaren Benutzer entspricht. Bei Anstalten wie Universitäten wird immer das allgemeine öffentliche Interesse an Pflege der Wissenschaft, an Verbreitung wissenschaftlicher Bildung voranstehen. Das hat auch seine wichtigen Konsequenzen für die Kostendeckung. Soweit nicht Einnahmen aus eigenem Vermögen, wie in Preussen in bedeutendem Maasse ja nur bei Greifswald, oder aus Stiftungs- und Specialfonds, wie bei Göttingen und Halle, zur Verfügung stehen, kann und darf sich der Staat dem nobile officium nicht entziehen, für seine Universitäten erhebliche und nach den Bedürfnissen unvermeidlich stark steigende Mittel aus seinen eigenen Kassen zur Verfügung zu stellen. Dankbar haben wir beim Rückblick auf die Geschichte unserer Universität anzuerkennen, dass der preussische Staat diese Pflicht in reichem Maasse erfüllt hat. Das Wohlwollen unseres Königshauses und unserer Staatsmänner ist der Schöpfung König Friedrich Wilhelm III. immer gewahrt geblieben. In den bedrängten ersten Zeiten ist geschehen, was irgend möglich war. Als die Zeiten wieder besser geworden, in der Periode von 1815—1870, ist trotz der im Ganzen immer noch knapp bleibenden Finanzlage für die Universität schon immer mehr vom Staate geleistet worden. Und als nach 1870 die Finanzen mit dem ganzen wirthschaftlichen und politischen Leben in eine neue grossartigere Entwicklungsperiode von Dauer eintraten, ist das in der immer besseren Dotation auch unserer Universität zu Gute gekommen. Nicht aber etwa auf Kosten unserer Schwesteranstalten, wie mitunter wohl einmal geklagt worden ist, im Gegentheil, zumal im letzten Vierteljahrhundert, sind auch diese in ähnlich bedeutendem und immer wachsendem Maasse durch Staatszuschüsse besser ausgestattet worden. Man kann höchstens, aber nicht einmal ganz allgemein, sagen, dass Berlin relativ noch mehr erhalten hat, obwohl das für die Universität in der Reichshauptstadt sich an sich schon hätte billigen lassen und aus rein ökonomischen Gründen auch der gleiche Personal- und Realbedarf hier höhere Geldsummen zur Deckung braucht.

Ein paar Zahlen wenigstens für Berlin will ich mir zum Beleg noch gestatten.*) Berlin kostete, und zwar fast ganz an Staatszuschuss, 1812 in unserem heutigen Gelde 162 626 M., 1820 241 322, 1831 299 538, 1870) nur an Staatszuschuss 641 003 M., im Ganzen 665 049 M., eigentlich einige Tausend mehr, die sich aus allgemeinen Fonds nicht genau ausscheiden lassen. Bis 1896 ist dieser Staatszuschuss auf 2 194 666 M., einschliesslich der Antheile am allgemeinen Universitätsfonds im Etat, wohl auf über $2^{1}/_{3}$ Mill., der ganze Aufwand auf 2 647 636, bezw. auf 2,8 Mill. Mark gestiegen. Die Universität kostete dem Staate schon 1870 4mal so viel als Anfangs, 1896 aber wieder mehr als 4mal, an Staatszuschuss allein 3mal, so viel als 1870, über 17mal so viel als 1812. Wo wären wir mit der geplanten Domänendotation hingekommen, auch wenn wir die erfolgte starke Ertragssteigerung der Domänen genossen hätten!

Die anderen preussischen Universitäten sind aber nicht vernachlässigt worden. Das lässt sich statistisch genau nachweisen, namentlich auch für diejenigen der neuen Provinzen.[*] Doch constatire ich das hier nur als unzweifelhafte Thatsache durch die eine Zahlenvergleichung, dass der Staat 1870 für die 9 anderen Universitäten ca. 2, 1896 dagegen ca. 6,04 Mill. Mark zuschoss, ebenso wie bei Berlin das Dreifache; fernere Angaben würden zu weit führen.

Ist aber etwa daneben vom Staate das übrige öffentliche Unterrichtswesen weniger bedacht worden? Durchaus nicht! Das zeigt schon die Entwicklung des ganzen Etats des Ministeriums für Kultus und und Unterricht, welcher zwar, zumal neuerdings, auch für den Kultus viel grössere Summen umfasst, aber doch vornehmlich den Unterricht betrifft. Er ist von 6 Mill. M. 1820 auf 18,8 Mill. 1870 und 109,7 Mill. 1896 gestiegen, das Sechsfache seit 1870, das mehr als 18fache seit 1820! In der neuesten Zeit ist es namentlich der jetzt zum erheblichen Theile direkt vom Staat übernommene Finanzaufwand des Staates selbst für die Grundlage alles Unterrichtswesens, die Volksschule, welcher so ungemein gewachsen ist. Er beträgt jetzt 66 Mill. M., fast achtmal so viel als für die Universitäten, gegen nur 3,63 Mill. M. in 1870. Und auch das mittlere

Unterrichtswesen, Gymnasien etc., ist wahrlich nicht zu kurz
gekommen. Im Staatshaushaltsetat standen dafür 1870 nur
1,71 Mill. M., jetzt 8,34 Mill. M. Das fast Fünffache.*)
Zeigt das Alles das fortgesetzte Interesse unserer Unterrichts-
verwaltung und ihrer unmittelbaren Leiter, so doch auch, dass
unsere Finanzverwaltung den Bedürfnissen entgegengekommen ist.
Dabei habe ich nicht einmal von den grossen Extraordinarien
gesprochen.

Aber der beste Wille der Regierung wäre machtlos gewesen,
wenn eben die Deckung der Finanzbedürfnisse auf dem Unterrichts-
gebiete nicht ermöglicht worden wäre durch eine entsprechende
Entwicklung der Finanzmittel des preussischen Staates, des
Deutschen Reichs. Diese Entwicklung aber war wieder die Frucht des
kolossalen Aufschwungs unserer deutschen Volkswirtschaft, seit
der Friedenszeit von 1815, seit der Gründung des Zollvereins
1834, vor Allem aber seit der politischen Machtentwickelung in
den Jahren 1866—71 und der Gründung des Reichs. Soweit
der Aufschwung unserer Hochschule von materiellen Faktoren
mit abhing, ist dieses Zusammenhangs stets vor Allem und mit
Dank zu gedenken.

Auch heute hört man freilich wohl noch, wenn auf die
nunmehr so weit grösseren Verwendungen des Staates für ideale
Zwecke hingewiesen wird, nicht selten die Gegenbemerkung: recht
schön, aber was will das Alles sagen gegen die ungeheuren
Finanzmittel, welche der „Militarismus" immer noch und beständig
auch in Friedenszeit verschlingt. Welche Summen könnten erst
der geistigen wie der materiellen Kultur zufliessen, wenn man
von diesem „unproductiven" Aufwande mehr sparte.

Nun gewiss, noch immer wie seit den Tagen des Grossen
Churfürsten und der ersten preussischen Könige ist der Heeresetat,
dem jetzt, und glücklicher Weise, auch noch ein mächtiger Flotten-

etat zugesellt ist, der grösste Posten für einen staatlichen Einzelzweck im Staats- und Reichsbudget. Trägt endlich davon auch das ausserpreussische Deutschland seinen gebührenden Antheil mit, auf Preussen im heutigen Umfange kommen immer noch 60 Procent davon. Aber beim Rückblick auf frühere Zeiten ist der gesammte staatliche Aufwand für die „Civilverwaltung" im weiteren Sinne, den eine verbreitete, freilich viel zu enge Auffassung gerne allein als einigermassen „productiv" gelten lässt, gegenwärtig doch an sich, absolut wie im Verhältniss zum Militairetat, viel bedeutender geworden und nimmt er eine weit grössere Quote von der ganzen Nettoausgabe ein, als jemals früher. Die über 89 Mill. Mark, welche im preussischen Etat jetzt der öffentliche Unterricht, die Pflege der Wissenschaft und Kunst, selbst ohne Einrechnung mancher weiteren Posten in anderen Etatstiteln, kostet, fallen auch als absoluter Betrag dem Militäretat gegenüber ins Gewicht. Diese Summe ist jetzt mehr als ein Viertel des letzteren, 1820 war der ganze staatliche Kultus- und Unterrichtsetat noch nicht ein Elftel der Kosten des Heeres. Die Steigerung jener Ausgabe ist in den letzten Jahrzehnten, seit 1870, relativ erheblich stärker als beim Militairetat gewesen, das 7—8 fache, und mit längeren Perioden verglichen, gestaltet sich das noch günstiger. Dem schon erwähnten Wachsthum des Etats unseres Kultusministeriums von 1820 bis 1896 um das 18 fache, entspricht nur ein Wachsthum des Militairetats (incl. jetzt des Flottenantheils) in derselben Periode für die preussische Quote um das 4$^2/_3$fache im Ordinarium (von 68,4 auf 316,6 Mill. Mark), selbst unter Einrechnung des Extraordinariums (62,8 Mill. Mark) nur um das 5$^2/_3$fache. Nicht nur absolut, sondern auch vergleichsweise wird also heute viel mehr als vor ein, zwei und drei Menschenaltern vom Staate für die eminentesten Kulturzwecke aufgewandt.[31])

Aber wäre selbst diese Entwicklung weniger günstig geblieben, könnten wir leugnen, dass es im Volks- und Staatsleben noch Interessen giebt, welche sogar so hochwichtigen, wie denen des Unterrichtswesens, noch vorangehen und für welche daher doch die Finanzmittel des Staates immer in erster Linie und in noch stärkerem Masse in Anspruch genommen werden müssen? Sind die nothwendigen Ausgaben für Sicherheit und Macht und Ehre des Staates und damit des Volkes nicht auch die Voraussetzung für die Entwicklung und Pflege der Volkswirthschaft, der Kultur, der geistigen, der idealen Interessen? Gehören diese Ausgaben nicht gerade auch deshalb, richtig aufgefasst, im nothwendigen Umfang wenigstens, zu den allerproduktivsten? Wie Sicherheit und Macht des Staates immer das erste Anliegen bleiben, allem Anderen vorangehen, hat ein alter „liberaler" Nationalökonom, unser grosser Adam Smith, selbst niemals verkannt, dadurch, wie überall, seine Epigonen um Haupteslänge überragend. Sein berühmtes Urtheil über die Navigationsacte beweist dies.*)

Der hohenzollern'sche brandenburgisch-preussische Staat hat mit keinem anderen deutschen oder europäischen oder sonstigen den Vergleich hinsichtlich seiner Kulturpflege zu scheuen. Wenn er aber seit bald einem Vierteljahrtausend und noch heute doch immer vor allem sein Wehr und Waffen blank, sein Pulver auf der Pfanne trocken hielt und dadurch lange Zeit genöthigt ward, ob des Aufwandes dafür manch Bedürfniss der Kulturpflege, des Unterrichts zurücktreten oder nur schwächer befriedigen zu lassen, so glaube ich, dürften wir Angehörige der Berliner Universität die letzten sein, die das beklagen und tadeln, müssen gerade wir die ersten sein, die das rühmen und um so dankbarer anerkennen, was in materieller Hinsicht trotzdem von Anfang an für unsere Hochschule von diesem Staate geschehen ist.

Dieser Staat hat uns eben doch noch viel Werthvolleres gegeben, als nur die erforderliche materielle Unterstützung. Er hat uns ein grosses, mächtiges Vaterland wiedergegeben, dem anzugehören Freude und Stolz ist. Damit hat er unserer Universität die idealen Existenz und Gedeihens-Bedingungen gesichert, welche eine solche Anstalt ebensowenig, ja noch weniger zu ihrer Entwicklung und Blüthe entbehren kann, als die materiellen.

Dieser preussische Staat, seine Dynastie, seine Regierung haben uns in den ersten Jugendjahren unserer Hochschule, allen andern deutschen Staaten, Dynastien und Regierungen weit voran, die Befreiung von der Fremdherrschaft gebracht. Sie haben uns im letzten Menschenalter aus der „kaiserlosen, der schrecklichen Zeit" emporgeführt, unser deutsches Volk wieder mächtig und gesichert gemacht, mit berechtigtem nationalen und politischen Selbstgefühl erfüllt. Erst dadurch hat unser geistiges, unser wissenschaftliches Leben die richtige Grundlage gesunder Entwicklung erlangt, die es dafür ebenso nothwendig als unser wirthschaftliches Leben braucht. Und nur auf dieser Grundlage konnten auch die für die Pflege der Wissenschaft und ihrer Lehranstalten einmal erforderlichen wirthschaftlichen Hilfsmittel dauernd gesichert werden.

Wie ähnlich in Sinn, Geist und Ziel die zündenden „Reden an die deutsche Nation", welche am Beginn unseres Jahrhunderts, fast an der Wiege unserer Universität, einst Fichte, und die nicht minder zündenden, welche am Schluss unseres Jahrhunderts, im Zeitpunkt der vollen Entwicklung unserer Hochschule, unser Heinrich von Treitschke in seinen öffentlichen Vorlesungen, bei unseren akademischen Festakten hielt, wie noch zum letzten Male unvergesslich bei jener herrlichen Feier vor Jahr und Tag. Auch auf Treitschke darf man das Urtheil an-

wenden, das damals selbst ein **Gentz** über **Fichte** füllte: „So
gross, so tief und stolz hat fast noch Niemand von der deutschen
Nation gesprochen."[*] Doch wie anders die Grundstimmung
des grossen idealistischen Philosophen, der in bohrendem
patriotischen Schmerze den Muth nicht verloren hatte, begeistert
und begeisternd zu seiner Nation zu sprechen, obwohl er
auf Jena und Tilsit hinblicken musste — und des grossen
idealistischen Historikers, der in hochgemuthem patriotischen
Stolze nicht minder begeistert und begeisternd, seine Studenten,
sein Volk auf Sedan, Versailles und Frankfurt hinweisen konnte.
Da spiegelt sich die Geschichte unseres Staates in den Reden
der besten Männer auf unseren Kathedern.

„Der Staat muss an geistigen Kräften ersetzen, was er an
physischen verloren." Unter diesem Wahlspruch gründete
Friedrich Wilhelm III. unsere Universität. Aber wie im menschlichen Einzelleben, so bedingt sich auch in den menschlichen
Institutionen, auch in deren höchster, dem Staate, Physisches
und Geistiges gegenseitig. Gottlob, der Staat Friedrich
Wilhelm's III. hat selbst schon wieder auch an physischen
Kräften reichlich gewonnen, was er einst verloren, und der Staat
seines grossen Sohnes hat den Bau zur Vollendung gebracht.
Wie hat das aber wieder mächtig auf die Entwicklung der
geistigen Kräfte rückgewirkt! Zeuge dess ist unter vielen auch
die grossartige Entwicklung und innere Blüthe unserer alma
mater Friderica Guilelma.

Gewiss, die Lehrer der Berliner Universität haben von
der Gründung an bis heute ihre Pflicht zu erfüllen, der Erwartung, mit welcher ihr König, seine Staatsmänner, vor allen
der edle **Wilhelm von Humboldt**, in schwerster Zeit an
die Gründung der Universität gingen, Ehre zu machen gesucht.
Und der Erfolg war mit ihnen. Das hat die Geschichte unserer
Universität bewiesen.

Aber darüber werden wir uns Alle nicht täuschen wollen: unsere Universität wäre niemals das, was sie heute ist, bloss aus eigener Kraft der Lehrer geworden — so wenig als unsere Stadt Berlin sich rein durch sich, durch ihre tüchtige, intelligente und fleissige Bevölkerung, ihre treffliche communale Verwaltung aus dem slavischen Fischerdorf und dem Landstädtchen noch des grossen Churfürsten zu ihrer heutigen Grösse entwickelt hätte, wäre nicht der Staat der Hohenzollern aus des heiligen römischen Reichs Sandbüchse zu dem mächtigen neuen Deutschen Reiche deutscher Nation emporgewachsen. Dadurch sind für unsere Stadt und unsere Universität erst die Bedingungen geschaffen worden, welche beider Entwicklung zur Weltstadt und zur Weltuniversität möglich gemacht haben.

Dankbar wollen wir dess heute am Stiftungsfeste unserer Universität, am Geburtstage ihres Gründers, Friedrich Wilhelm III., im ersten Jubiläumsjahre des neuen Deutschen Reiches gedenken.

Aus den Tagen von Jena und Tilsit datirt nach Sturz und Demüthigung des friedericianischen Staats doch auch schon die Wiedererhebung dieses Staates und unter den Mitteln dazu befindet sich die Errichtung unserer Universität. Nachdem Leipzig und Belle-Alliance diesem Staate seine frühere Stellung gestärkt und verbessert, unter glücklichem Ersatz definitiv verlorenen polnischen durch altes kerndeutsches Gebiet, wiedergegeben, blühte diese Universität bald auf und erringt schon eine der ersten, wenn nicht die erste Stelle unter den deutschen Schwestern. Als auf den böhmischen und fränkischen Gefilden dem preussischen Staat die Suprematie in Deutschland, auf den französischen Schlachtfeldern die Vormachtstellung in Mittel- und Westeuropa errungen; als nach dem Worte unseres Leopold Ranke die nothwendig gewordene Fortführung des Krieges auch nach Sedan „gegen Ludwig XIV." das einst geraubte Strassburg in demselben Septembertagen, wo es 189 Jahre zuvor schmählich verloren gegangen, an Deutschland zurückgebracht und Metz, das einst Karl V. „den Tanz versagt", mit der letzten und grössten kaiserlich französischen Armee vor Friedrich Karl kapitulirt hatte, — auch zur Sühne eines schweren Tags preussischer Geschichte, an demselben 27. Oktober, wo 64 Jahre zuvor Napoleon I. durch das Brandenburger Thor triumphirend eingezogen, — als im Versailler Kaiserschloss jenes vierzehnten Ludwig, des Verwüsters der Pfalz, des Zerstörers unserer Kaisergräber, die deutsche Kaiserproklamation erfolgt war und Preussen dem neuen Deutschen Reich zum Ersatz für die österreichischen ausgeschiedenen Gebiete als Morgengabe die Provinzen Ost- und Westpreussen, Posen, Schleswig-Holstein geschenkt und als neue mit den deutschen Verbündeten gemeinsam erworbene Errungenschaft die alten westlichen Grenzmarken Elsass und Lothringen zugebracht hatte — da, nach diesen weltgeschichtlichen Ereignissen, kommt in und mit dem neuen Deutschen Reich auch die neue Aufschwung- und Blütheperiode unserer Stadt Berlin und unserer Friedrich Wilhelms-Universität.

Berlin wird Reichshauptstadt, Mittelpunkt deutscher, wirthschaftlicher und geistiger Kultur, die grösste Industriestadt Deutschlands, ja fast der Welt, wird eine der grossen welthistorischen Metropolen, in denen die Völkergeschicke entschieden werden und darf seinen Namen an Athen und Rom, an Constantinopel und Petersburg, an Wien, Paris, London und New-York reihen, unter den modernen dieser Städte schon eine führende Stellung einnehmend. Und unsere Universität erringt die Centralstellung unter den deutschen Hochschulen, eine der vordersten Stellen unter den Universitäten aller Zeiten, wird Weltuniversität.

Alles mit die Reflexe der gewaltigen Geschichte des Hohenzollernstaates, der seit jenem furchtbaren Kriege, welcher Deutschlands Untergang zu besiegeln schien, alle jene an Polen,

Schweden, Dänen, Franzosen verlorenen Küsten-, Strom- und Grenz-
gebiete uns in blutigem, sorgsam im Frieden vorbereitetem Völker-
ringen wiedererworben und durch die leidige, aber nothwendige
Trennung von Oesterreich Deutschland sich selbst wiedergegeben hat.
Wo so gesundem, nationalem Leben vorgearbeitet, der Acker für die
Saat und die friedliche Kulturarbeit so vorbereitet wurde, konnte
Stadt und Universität wohl gedeihen.

Aus winzigen Anfängen ist unsere Stadt Berlin, aus kleinen
unsere Hochschule, aus unbedeutenden auch unser Hohenzollern-
staat hervorgegangen. Wenn Stadt, Universität und Staat heute
dieser ihrer Anfänge gedenken, auf ihre Geschichte zurückblicken,
so sollen sie alle nicht stolz werden ob des Erreichten. Dankbar vielmehr und demüthig und mit den grösseren Aufgaben
auch ihrer grösseren Pflichten bewusst, mögen sie, wie
unser edler und bescheidener Kaiser Barbablanca im Augenblicke
seines höchsten Triumphes am Tage von Sedan, bekennen:
„Welch eine Wendung durch Gottes Fügung!"

Anmerkungen, Zusätze und statistische Tabellen.

1) [S. 3.] Schmalz' Rectoratsrede vom 3. Aug. 1811, S. 29. Weiteres darüber und über die Vorgänge bei der Audienz der Hallenser Deputation bei König Friedrich Wilhelm III. am 10. Aug. 1807 in Rudolf Köpke's Schrift „Die Gründung der Königl. Friedrich-Wilhelms-Universität zu Berlin" (Berlin 1860), S. 37, 138.

2) [S. 5.] S W. v. Humboldt's Antrag beim König auf Errichtung der Universität zu Berlin, Königsberg, 9. Juli 1809 (bei Köpke, S. 189 ff.) und die Kabinetsordre vom 16. Aug. 1809 aus Königsberg über die Errichtung der Universität, wo die Verbindung der neuen Universität mit den beiden Akademien und den anderen wissenschaftlichen Anstalten bestimmt wird (Köpke, S. 194).

3) [S. 6.] Das Nähere über die erste Dotation der Universität, im Anschluss an die Kabinetsordre vom 16. Aug. 1809, in den von Köpke mitgetheilten Urkunden, S. 195 ff., S. 218 ff.

4) [S. 6.] Finanzstatistische und andere statistische Daten über die preussischen Universitäten in früherer Zeit in dem Buche von W. Dieterici, geschichtliche und statistische Nachrichten über die Universitäten im preussischen Staate (Berlin 1836). Danach kosteten etatsmässig 1805 (S. 177)

Halle	36 113 Thl.
Frankfurt a. O.	15 315 „
Königsberg	6 921 „
Erlangen	33 010 „
Duisburg	6 131 „
Erfurt	4 176 „
Summa	101 666 Thl.

5) [S. 6.] Im Jahre 1812 kosteten die damaligen 3 preussischen Universitäten etatsmässig (Dieterici, S. 180):

Berlin	54 209 Thl.
Breslau	61 612 „
Königsberg	35 595 „
Summa	151 436 Thl.

Auf den Kopf der Bevölkerung 11.646 (alter) Pfennig. Dabei war aber Berlin noch nicht voll nach dem Gründungsplan entwickelt und manche Institute und dergl. hatten noch ihren getrennten Etat.

6) [S. 7] W. v. Humboldt in dem Antrag an den König vom 24. Juli 1809 (Köpke, S. 191).

7) [S. 7.] Aus der Urkundensammlung Köpke's kommen für die Frage der Domänen-Dotation besonders in Betracht: Das Schreiben des Finanzministers v. Altenstein an W. v. Humboldt vom 2. Juli 1809 (Köpke, S. 188), v. Humboldt's Antrag beim König vom 24. Juli 1809 (bes. S. 192 bei Köpke), das ministerielle Conferenzprotokoll vom 28. August 1809 über die Ausführung der Kabinetsordre vom 16. August (Köpke, S. 196), der Bericht W. v. Humboldt's an den Minister Grafen zu Dohna zur Widerlegung der Einwürfe gegen die Dotation vom 9. Mai 1810 (eb. S. 199ff.), das staatsministerielle Conferenzprotokoll vom 14. Mai 1810 (eb. S. 202ff.), v. Schuckmann's Antrag beim Staatskanzler v. Hardenberg vom 3. März 1811, von der Dotirung der Universität mit Domänen Abstand zu nehmen (Köpke, S. 225) und des Staatskanzlers beistimmender Bescheid vom 15 März 1811 (eb. S. 227).

8) [S. 9.] In dem Edict und Hausgesetz vom 6. November 1809 war die von Friedrich Wilhelm I. 1713 ausgesprochene Unveräusserlichkeit der Domänen um der herrschenden Finanznoth Willen zwar aufgehoben worden, aber die Veräusserung wie die Verpfändung und Belastung der Domänen mit Hypotheken und andren dinglichen Verbindlichkeiten war an die Voraussetzung gebunden worden, dass es sich um ein wahres Bedürfniss des Staats handle und dass mit dem Kaufgelde Schulden des Staats, die für dessen Erhaltung entstanden seien, bezahlt werden müssten. Die zweite Bedingung lag bei der Frage der Dotation der Universität mit Domänen nicht vor. Der Altenstein'sche Plan, um gegen das Hausgesetz nicht zu verstossen, an Stelle der der Universität zu überlassenden Staatsdomänen katholisch-geistliche Güter einzuziehen und zu den Domänen zu schlagen, galt wenigstens nicht sofort für durchführbar. Ebenso scheute man sich, etwa das eben erst erlassene neue Hausgesetz von 1809 gleich wieder abzuändern und hielt auch eine Zuziehung der Stände, um durch deren Zustimmung die volle Domänenschenkung rechtskräftig zu machen, nicht für rathsam. Alle diese Erwägungen führten zu dem Ministerialbeschluss, wie er auf S. 9 angegeben. S. besonders das Conferenzprotokoll vom 14. Mai 1810 (Köpke, S. 203).

9) [S. 10.] S. v. Schuckmann's Antrag vom 3. März 1811 bei Hardenberg (Köpke S. 225—227). Der lange Bericht enthält auch ausser den von mir wörtlich angeführten Stellen manche charateristische Ausführungen.

10) [S. 10.] Hardenberg's Bescheid vom 15. März 1811 an v. Schuckmann (Köpke S. 229).

11) [S. 13.] Aeltere statistische Daten über Lehrpersonal, studentische Frequenz, Finanzielles von der Berliner Universität in der Note 4 genannten Schrift von Dieterici, zugleich mit Daten über die anderen preussischen Universitäten. Umfassende und vortreffliche Bearbeitung des ganzen statistischen Materials über die Frequenzverhältnisse der deutschen Universitäten in dem Buch von J. Conrad, das Universitätsstudium in Deutschland während der letzten 50 Jahre (Jena, 1884). Eb. S. 159 bis 175 Angaben über die Zahl der Docenten und S. 230—236 auch einige über die Ausgaben Preussens für Unterrichtszwecke. Amtliche Quellenwerke für die neueste Zeit: Preussische Statistik, Statistik der Landesuniversitäten, Nr. 102 (1886/87), 106 (1887/88), 112 (1888/89), 116 (1889/90), 125 (1890/92), 136 (1892/94). Für Berlin speciell die Anhänge des semestralen Personalverzeichnisses, worin seit 1885 die „vorläufige" und (immer im Verzeichniss des folgenden Semesters für das vorausgehende) die „endgiltige" Feststellung der Zahl der Studirenden unterschieden wird, Zahlen, welche nicht unerheblich von einander abweichen, indem die „endgiltige" regelmässig mehr oder weniger kleiner als die „vorläufige" ist. Aehnliche Unterscheidung jetzt auch in der Frequenzstatistik der anderen preussischen Universitäten. Für die historischen (zeitlichen) Vergleichungen und für diejenigen der einzelnen Universitäten untereinander ist diese Unterscheidung wichtig. Massgebend ist die endgiltige Zahl. Aber, wie unter Note 13 unten noch gezeigt wird, es ist überhaupt eine völlig genaue Ziffer bei dem fast beständig durch das ganze Semester stattfindenden Ab- und Zugang kaum zu geben. Die Unterscheidung nach Staats- und Provinzialangehörigkeit der Studenten im Berliner Verzeichniss übrigens erst seit Winter 1867/68. Eine dankenswerthe statistische Arbeit über die Frequenz, die Veränderungen im Lehrkörper, die Rektoren und Dekane, die Promotionen vom Anfang der Universität an bis Sommersemester 1885 ist für Berlin in seinem Rectorat von Dernburg veröffentlicht worden, unter dem Titel „Die Königliche Friedrich-Wilhelms-Universität Berlin in ihrem Personalbestande seit ihrer Errichtung, Michaelis 1810 bis Michaelis 1885." Eine Fortsetzung davon, etwa in zehnjährigen Perioden, wäre erwünscht. Ich gebe zur Vervollständigung in Folgendem wenigstens die Daten über die studentische Frequenz für die Zeit vom Winter 1885/86 bis zum Sommersemester 1896. Statistische Angaben auch in der jährlichen Universitätschronik. Summarische statistische Daten über die Zahl der Lehrer und Studenten für alle Universitäten deutscher

Zunge (nebst denen der französischen Schweiz) auch in dem Ascherson'schen semestralen „Deutschen Universitätskalender". Mancherlei statistische Daten, zugleich mit über finanzielle Verhältnisse, in den Artikeln über die Universitäten verschiedener Staaten im Handwörterbuch der Staatswissenschaften, Supplementband (1895).

12) [S. 13.] Die starke Abnahme der Berliner Frequenz nicht lange nach dem französischen Kriege ist in der ganzen Geschichte der Universität ohne Parallele. Sie trat in derselben Zeit ein, wo Berlin als Reichshauptstadt sonst einen so ausserordentlichen Aufschwung nahm. Folgende Tabelle I zeigt die Sachlage.

Tabelle I. Immatriculirte Studenten in Berlin 1869—1877.

	Inländer (Preussen)	Ausländer	Summa
Winter 1869/70	1771	539	2310
Sommer 1870	1608	415	2023
Winter 1870/71	1711	444	2155
Sommer 1871	1657	456	2113
Winter 1871/72	2034	569	2603
Sommer 1872	1562	428	1990
Winter 1872/73	1496	422	1918
Sommer 1873	1270	320	1590
Winter 1873/74	1383	374	1757
Sommer 1874	1287	322	1609
Winter 1874-75	1457	367	1824
Sommer 1875	1425	299	1724
Winter 1875/76	1722	421	2143
Sommer 1876	1610	367	1977
Winter 1876/77	2039	451	2490
Sommer 1877	1862	375	2237

Die beiden Semester unmittelbar vor dem Kriege, Winter 1869/70 und Sommer 1870 — in diesem Sommersemester konnte der erst im Juli ausbrechende Krieg noch keinen Einfluss auf die Immatriculation ausüben — zeigen die höchste vor 1870 erreichte Frequenz. Die Abnahme im Winter 1870/71 ist kleiner, als man hätte voraussetzen mögen. Die starke Abnahme später tritt scharf mit dem Sommer 1872 und mehr noch dem Winter 1872/73 ein und dauerte deutlich 6—8 Semester, von wo an eine bleibende starke Steigerung zu verzeichnen ist, welche später in geringerem Maasse vor sich geht, doch mit neuen Schwankungen bis zur Gegenwart reicht. Die Abnahme hat damals alle Facultäten, wenn auch nicht ganz gleichmässig, getroffen. Ihre Ursachen mögen verschiedene, vorherrschend aber doch wohl wirthschaftliche gewesen sein: die starke Vertheuerung, besonders auch der Miethen, in Berlin. In jenen Jahren wuchs die studentische Frequenz in Leipzig rasch und übertraf einige Zeit nicht unbedeutend die Berliner. Sie ging in Leipzig damals ununterbrochen, auch in und nach den Kriegsjahren, von c. 1000 in 1865 auf c. 1500 in 1869/70, 2204 in 1871/72 bis auf ca. 2700—3000 in 1873—78 und überstieg 3000 hinterher lange Zeit. Zur Zeit des Minimums in Berlin Mitte der 1870er Jahre hatte Leipzig 1000—1200 Studenten mehr. Nur einzelne andere Universitäten im Reiche haben in jenen Jahren des Tiefstandes der Berliner Frequenz die ihre etwas erhöht, so Breslau, keine aber erheblich und nicht entfernt so wie Leipzig, damals auch noch nicht München, welches erst von Ende der 70er Jahre an rasch und bedeutend in der Frequenz gestiegen ist, als diese auch in Berlin wieder wuchs. Die Gesammtzahl der immatriculirten Studenten auf den Universitäten im Reich ist nach einer Abnahme im Kriegsjahre 1870/71 gleich nach dem Kriege gestiegen und höher als vorher gewesen, dann von 1873—76 etwa stabil geblieben, von 1877 an stärker gewachsen (s. die Tabelle I in dem Buche von Conrad). — Einen relativ so starken Rückgang wie 1873 ff. hat die Berliner Frequenz vor und hinterher niemals gehabt. In den Jahren 1890—94 war die Abnahme aber gleichfalls bedeutend (s. die Tabelle II unten in Note 13). Mitte der 70er Jahre erreichte die Berliner Frequenz kleinere absolute Ziffern als schon Mitte der 20er Jahre.

13) [S. 13.] Die folgende Tabelle II enthält die Frequenz der immatriculirten Studenten vom Winter 1885/86 an, im Anschluss und zur Ergäuzung der Tabelle in der oben genannten Schrift aus Dernburg's Rectorat. In letzterer sind die Zahlen noch die vorläufigen, von 1885 an lassen sich die endgiltigen geben, natürlich die an sich richtigeren, die daher jetzt in der Tabelle aufgenommen sind. Diese definitiven Zahlen sind um 150—200 und mehr niedriger als die provisorischen. Dies erklärt sich aus der Art des statistischen Urmaterials. Einstweilen, namentlich bis zu der gegen die Mitte des Semesters erfolgenden Kontrole über das Belegen der Vorlesungen, werden viele Studenten aus dem vorigen Semester, die keine Abgangszeugnisse nahmen noch sich besonders abmeldeten, oder keine Vorlesungen belegten, noch als anwesend fortgeführt, hinterher aber bei der definitiven Feststellung der Zahl gestrichen (s. bes. § 13 der Vorschriften für die Studirenden vom 1. October 1879), während die nach Abschluss der provisorischen Statistik (der gegen Ende November und Mai erfolgt) noch Immatriculirten anderseits hinzutreten. Das sind aber regelmässig weniger als die gestrichenen. Bei der Ungleich-

mässigkeit dieses Verfahrens auf den deutschen Universitäten ausserhalb Preussens sind die Zahlen der amtlichen Personalverzeichnisse nicht ganz genau zu vergleichen und ist auch die Statistik der deutschen Gesammtfrequenz nicht ganz richtig, wohl im Allgemeinen etwas zu hoch.

Zu beachten ist übrigens auch, dass, wenigstens in Berlin, Zugang und Abgang während des Semesters selbst fast gar nicht aufhört. Die Hauptimmatriculation soll in Berlin im Wintersemester bis 5. November, im Sommersemester bis 5. Mai beendet sein, aber auch hinterher dauert sie unvermeidlich noch länger fort, wenn auch auf Grund besonderer Ermächtigung in jedem einzelnen Falle, anfangs in noch erheblichem Maasse, selbst in den späteren Monaten noch etwas. Danach stimmt die amtliche provisorische wie definitive Zahl mit der wirklichen genau überhaupt kaum jemals ganz überein. Und ähnliche Differenzen ergeben sich aus dem auch selten ganz sistirenden Abgang. Z. B. betrug in meinem Rectorat vom 15. October 1895 an (wo, wie regelmässig, zwei Immatriculationstermine mit 279 Immatriculirten noch unter meinem Amtsvorgänger in der ersten Hälfte October vorangegangen waren) im October bis 5. November 1923, später im November noch 271, im December noch 53, im Januar noch 28, im Februar noch 23. Und ähnlich im Sommersemester 1896, schon während der Osterferien und bis zum Schluss des Hauptimmatriculationstermins 1220, später im Mai noch 108, im Juni noch 114 (Verspätung wegen der Ende Mai fallenden Pfingstferien), im Juli noch 14. In diesen Dingen aber, wie beim Abgang, ist das Verfahren auf den deutschen Universitäten nicht überall das gleiche. Im Interesse exacter Statistik wäre ein übereinstimmendes Verfahren erwünscht.

Auch die Bedingungen für die Immatriculation sind nicht an allen Universitäten die gleichen und ebenso bestehen in der Vertheilung der Studirenden auf die Facultäten Verschiedenheiten. Beides stört die genaue Vergleichbarkeit der Statistik der Frequenz.

So erklärt sich z. B. die von mir hervorgehobene grosse Ueberlegenheit der Frequenz der philosophischen Facultät in Berlin immerhin etwas mit aus dem Umstande, dass die preussischen Immaturi nur bei der philosophischen Facultät eingetragen werden, wohin ihren Fächern nach viele davon, aber doch nicht alle gehören. So waren z. B. im Winter 1895/96 von den 1743 Studirenden in der philosophischen Facultät 1164 Preussen und unter letzteren 477 ohne Zeugniss der Reife (definitive Zahl). U. A. werden die Pharmaceuten und die Studirenden der Zahnarzneikunde in der philosophischen Facultät geführt (1895/96 zusammen 196 Preussen, 40 andere). Ebenso alle Preussen mit dem Reifezeugniss eines Realgymnasiums oder einer Oberrealschule (1895/96 bezw. 294 und 22 neben 376 Preussen mit Reifezeugniss eines Gymnasiums). Bei der Bedeutung, welche mit Recht neuerdings für mancherlei Verhältnisse der Statistik der Universitätsfrequenz beigelegt wird, wäre es erwünscht, wenn im Reich für diese Statistik gleichmässige Normen aufgestellt würden. Manche Schlüsse aus den Zahlen der heutigen amtlichen Statistik der Universitäten bedürfen wegen der angedeuteten Verschiedenheiten der statistischen Buchung der Correctur. Je nachdem Landwirthe, Forstmänner, nach der Stellung der betreffenden Lehrfächer im Universitätsrahmen oder in besonderen Akademien, zu den immatriculirten Studenten zählen oder nicht, worin bekanntlich in Deutschland manche Verschiedenheiten bestehen, sind natürlich auch die Gesammtfrequenzen der betreffenden Universitäten und wieder derjenigen Facultät, in welcher diese Kategorien geführt werden, grösser oder kleiner, die Zahlen also wieder nicht genau vergleichbar. Für Berlin ist zu beachten, dass, im Unterschied zu Halle, München u. a. m., die Studirenden der Landwirthschaft meistens auf der landwirthschaftlichen Hochschule inscribirt sind. Ferner kommt für die Vergleichung der Frequenz der medicinischen Facultäten in Betracht, neben Verschiedenheiten im Umfang der hier geführten Studirenden (so z. B., ob die der Zahnheilkunde Beflissenen, die Pharmaceuten hier oder in der philosophischen Facultät stehen), dass die Studirenden der militärärztlichen Bildungsanstalten nicht zu den immatriculirten Studenten der Berliner Universität gehören. Die Frequenz der Berliner medicinischen Facultät erhöhte sich durch Einrechnung dieser Kategorie jetzt um mehr als ein Fünftel (Winter 1895/90 um 256 bei 1226).

Auf eine genauere Vergleichung der Statistik der Frequenz der deutschen Universitäten gehe ich auch hier in diesen Noten nicht ein. Aber hervorheben wollte ich diese Punkte an dieser Stelle, um auf die Nothwendigkeit ihrer Beachtung bei Vergleichungen und bei Schlüssen daraus hinzuweisen.

Noch grössere Verschiedenheiten wie zwischen den deutschen Universitäten im Reiche bestehen in den Verhältnissen der Immatriculation, den Bedingungen dafür, der Einreihung in die Facultäten wohl auf den übrigen deutschen Universitäten ausserhalb des Reichs, den österreichischen (Wien), den schweizerischen.

Dass einzelne Universitäten mehr als die alten vier Facultäten haben, durch Zerlegung der philosophischen Facultät in zwei, durch Bildung einer besonderen staatswirthschaftlichen oder staatswissenschaftlichen Facultät (Tübingen, München), stört die Vergleichung nicht.

Wohl aber kommt einigen Universitäten der Besitz einer doppelten theologischen Facultät zu Gute und steigert hier die Gesammtfrequenz (Breslau, Bonn, Tübingen).

Tabelle II.

Immatriculirte Studenten in Berlin.

Semester	Theologen			Juristen			Mediciner			Philosophen			Summa		
	In-länder	Aus-länder	Summa	In-länder	Aus-länder	Summa	In-länder	Aus-länder	Summa	In-länder	Aus-länder	Summa	In-länder	Aus-länder	Summa
W. 1885 86	600	111	711	970	284	1254	1088	241	1279	1510	438	1948	4118	1074	5192
S. 1886	519	84	603	663	192	855	951	191	1142	1336	355	1691	3469	822	4291
W. 1886 87	621	164	785	929	833	1262	1010	264	1274	1421	500	1921	3981	1261	5242
S. 1887	550	103	653	759	217	976	898	201	1099	1318	432	1750	3525	953	4478
W. 1887 88	646	147	793	1069	343	1412	999	294	1293	1334	502	1836	4048	1286	5334
S. 1888	570	91	661	909	266	1175	903	229	1132	1295	420	1645	3607	1006	4613
W. 1888 89	689	119	838	1169	345	1554	1060	358	1408	1310	521	1831	4218	1413	5631
S. 1889	608	107	715	946	274	1220	903	227	1130	1191	460	1651	3648	1068	4716
W. 1889 90	672	158	830	1212	391	1603	1009	341	1352	1238	523	1761	4131	1416	5547
S. 1890	574	112	686	927	272	1199	848	217	1135	1092	439	1531	3481	1070	4551
W. 1890 91	583	165	748	1148	418	1566	1008	360	1368	1121	528	1649	3860	1471	5331
S. 1891	478	114	592	871	285	1156	946	270	1216	997	466	1463	3292	1135	4427
W. 1891 92	532	154	646	1111	416	1527	1011	352	1363	1007	539	1546	3661	1491	5152
S. 1892	451	80	531	837	271	1108	872	248	1120	922	444	1366	3082	1043	4125
W. 1892 93	491	113	604	1088	352	1440	885	315	1200	932	515	1447	3396	1295	4691
S. 1893	359	78	437	832	232	1064	827	216	1073	867	449	1316	2885	1005	3990
W. 1893 94	374	130	504	1152	425	1577	891	325	1216	936	502	1438	3353	1382	4735
S. 1894	307	67	374	822	250	1072	782	229	1011	953	430	1383	2864	976	3840
W. 1894 95	350	123	473	1225	392	1617	875	291	1166	1017	534	1551	3467	1340	4807
S. 1895	295	91	386	917	261	1178	760	255	1015	1008	431	1439	2980	1038	4018
W. 1895 96	356	118	474	1299	463	1762	866	360	1226	1169	574	1743	3690	1515	5205
S. 1896	285	68	353	1042	310	1352	799	285	1084	1160	516	1676	3286	1179	4462

11) [S. 14] In Berlin werden die Zahl der „zum Hören der Vorlesungen (ausser den Immatriculirten Studenten) berechtigten Personen", der üblich sogen. „Hospitanten", und deren verschiedene Kategorien im Personalverzeichniss ebenfalls angegeben. Auch hier unterscheiden sich die provisorischen und die definitiven Zahlen. Früher beschränkte man sich allein auf Angabe dieser Zahlen, die wieder mehrere Tausend beträgt und gewann dann eine Gesammtzahl der „zum Hören der Vorlesungen Berechtigten", einschliesslich der Immatriculirten, welche gelegentlich das Doppelte der letzteren erreichte. Das führt aber nur zu Täuschungen, denn von den Hauptkategorien der Hospitanten hören auf der Universität immer nur ganz wenige. Mit Recht wird daher neuerdings ausser der Zahl der zum Hören von Vorlesungen berechtigten Hospitanten bei der definitiven Feststellung immer für das vorausgehende Semester jetzt

auch angegeben, wie viele Hospitanten wirklich auf der Universität
Vorlesungen gehört bezw. belegt haben. Letztere Ziffern möchten
zwar etwas zu klein sein, indem insbesondere Publica von manchen
Hospitanten wohl besucht, aber nicht belegt werden. Jedenfalls sind
aber die Zahlen der belegenden Hospitanten viel wichtiger als diejenigen
der zum Hören an sich Berechtigten.

Frauen sind bisher in Berlin zur Immatriculation noch nicht
zugelassen, neuerdings aber unter gewissen Bedingungen betreffs ihrer
genügenden Vorbildung als Hospitantinnen, in grösserer Zahl zum
ersten Male in meinem Rectorat, seit Winter 1895/96.

Die Statistik der Hospitanten stellte sich im Wintersemester
1895/96 nach den definitiven Zahlen folgendermassen:

Tabelle III.   **Hospitanten.**

	zum Hören Berechtigte.	wirklich Belegende.
Mit Specialerlaubniss des Rectors (In- und Ausländer)		
Männer	328	295
Frauen	70	65
Studirende der Kaiser Wilhelm- Akademie für milit.-ärztl. Bildung	256	256
desgl. der technischen Hochschule	1982	23
desgl. der Bergakademie	273	12
desgl. der Landwirthsch. Hochschule, mit Berechtigungsschein zum einjährigen Militärdienst	555	2
desgl. der Thierärztl. Hochschule .	415	5
desgl. der Akademie der Künste .	291	3
Summa	4170	661

15) [S. 15.] S. über die Frequenz der Facultäten die Tabelle II oben und die
Tabelle in der im Dernburg'schen Rectorat veröffentlichten Schrift.
Für den Vergleich mit anderen Universitäten ist bei der Statistik der
Facultätsfrequenzen besonders zu beachten, dass für die Einreihung
der Studirenden in die Facultäten nicht überall die gleichen Grundsätze bestehen (s. Note 13 oben). Aber auch wenn man bei Berlin
berücksichtigt, dass alle Preussen ohne Reifezeugniss nur in der
philosophischen Facultät immatriculirt werden können (mit der sogen.
„kleinen Matrikel", d. h. zunächst auf einige, meist 4 Semester, aber
mit der Möglichkeit, nach deren Ablauf Verlängerung der Zulassung
zu erhalten), so bleibt die starke Ueberlegenheit der Frequenz der

Berliner philosophischen Facultät gegen diese Facultäten der anderen Universitäten doch bestehen.

16) [S. 15.] Die im Personalverzeichniss Berlins erst seit dem Winter-Semester 1867/68 gegebene genauere Statistik der Herkunft der Berliner immatriculirten Studenten nach preussischen Provinzen, einzelnen anderen deutschen Staaten des Reichs und fremder Staaten (mit Unterscheidung der Hauptbestandtheile und Provinzen der österreich-ungarischen Monarchie) kann hier nicht für jedes einzelne Jahr des fast 30jährigen Zeitraumes gegeben werden, weil das eine zu grosse Tabelle bilden würde. Ich beschränke mich daher hier darauf, in den folgenden Tabellen IV und V nur einige characteristische, den Gang der Entwicklung zeigende Jahre zusammenzustellen, darunter auch diejenigen der Minimal- und Maximalfrequenz, aber immer nur für die Wintersemester, welche indessen zur Characterisirung der Erscheinung am beachtenswerthesten sind. Einige kleinere deutsche Staaten sind dabei zusammengezogen, bei der Gruppirung des Stoffs das geographische und nationale Princip befolgt werden.

In der deutschen Universitätsstatistik ist seit lange das Verhältniss der „Inländer" und „Ausländer" unter den Studirenden besonders beachtet worden. Hoher Werth wurde dabei gern auf eine grosse absolute und besonders auch relative Zahl der „Ausländer" in der Frequenz gelegt und der Stolz darin gefunden. Indessen ist es klar, dass gerade nach den territorialen Verhältnissen der deutschen Staaten hier eine Vergleichung nicht statthaft ist. Eine Universität in einem kleineren Staate, welche auch nur eine einigermaassen bedeutende Frequenz hat, kann diese natürlich nur aus dem „Auslande", wenn das auch bei einzelnen Universitäten fast vor den Thoren der Stadt liegt (Jena, Giessen) haben, weil ihr „Inland" kein grosses Studentencontingent stellen kann. Je grösser der Einzelstaat, dem eine Universität angehört, desto ungünstiger muss sich, ceteris paribus, bei ihm das Verhältniss der „Ausländer" zu den „Inländern" stellen. Das gilt auch gegenwärtig noch von den preussischen Universitäten, speciell Berlin, gegenüber denen der Mittelstaaten, z. B. Leipzig. Man könnte hier nun etwa vergleichen die Frequenz der Brandenburger und aller Nicht-Brandenburger (wie heute noch in Göttingen der Hannoveraner und Nicht-Hannoveraner) in Berlin mit der Frequenz der Sachsen und Nicht-Sachsen in Leipzig, nicht aber mit letzterer diejenige der Preussen und Nicht-Preussen in Berlin. Für Berlin erschiene selbst dann die „ausländische" (d. i. nicht-brandenburgische, wie auch die nicht-preussische) Frequenz zu klein, weil die Bedeutung der Stadt Berlin als solcher, nach Grösse und socialer Qualität ihrer Bevölkerung, natürlich zu einem besonders hohen Kontingent Berliner, also „einheimischer" Studenten führen muss.

Bei der historischen Vergleichung der Veränderungen der Herkunfts-Statistik der Studenten ist, nebenbei bemerkt, auch des Einflusses der mittlerweile etwa eingetretenen Veränderung der örtlichen Vertheilung der Bevölkerung und der Volksdichtigkeit, auch des localen Wohlstandes zu gedenken. Vor einem Menschenalter z. B. erschienen viele Studenten in Berlin als Angehörige der und der preussischen Provinz, weil sie da geboren waren, da ihr elterliches Domicil hatten, während jetzt die Familien in Berlin wohnen, die Kinder daher stammen und in der Statistik als „Berliner", „Brandenburger", nicht mehr als „Posener", „Westpreussen" u. s. w. aufgeführt werden. Bei einer genaueren, mehr auf das Einzelne eingehenden Verarbeitung des frequenz-statistischen Materials der Universitäten, nach richtiger historisch-statistischer Methode, muss das Alles berücksichtigt werden. Wenn z. B. die Entwicklung der Volksdichtigkeit, des Wohlstandes, der Berufswahl in verschiedenen Provinzen, Landestheilen, Staaten verschieden vor sich geht, so stellt natürlich jeder Landestheil im Laufe der Zeit verschieden grosse Kontingente Studirender, was auf das Wachsthum der absoluten Frequenz der Universitäten in diesen verschiedenen Theilen und auf die Zusammensetzung der Frequenz aus Angehörigen verschiedener örtlicher Herkunft seinen Einfluss ausüben muss. Die gewaltige Entwicklung der Stadt Berlin würde so z. B., ceteris paribus, bedingen, dass im Vergleich zu den Universitäten in anderen Landestheilen das „einheimische", „provinziale", „inländische" Studentencontingent gegenüber dem fremden grösser wird, Berlin also scheinbar (relativ) weniger als vielleicht eine preussische Provinzial- oder sonstige deutsche Einzelstaats-Universität in einem Lande mit stabilerer Bevölkerung ein Anziehungspunkt der „Fremden", „Ausländer" geworden zu sein schiene. Natürlich ein Fehlschluss. Die Zahlen in den folgenden zwei Tabellen sind bis incl. 1882/83 die früher allein bekannten provisorischen, seitdem die endgiltigen, welche gegen jene etwas kleiner sind, was gerade bei den Zahlen der Fremden besonders zutrifft, daher für die Vergleichung zu beachten ist.

Tabelle IV
7*

Tabelle IV.

Herkunft der Berliner immatriculirten Studenten.
Reichsdeutsche.

Deutsches Reich.	Wintersemester							
	1867/68	1869/70	1873/74	1876/77	1882/83	1884/85	1876/75	1891/92
			(Minim.		(Maxim.)	(Minim.))		
1. Ostpreussen	174	198	147	239	197	184	124	115
2. Westpreussen					321	271	224	206
3. Posen	149	162	141	198	344	294	265	253
4. Schlesien	144	149	125	196	500	362	275	310
A. Summa: östl. Prov.	467	509	413	626	1162	1111	888	884
5. Brandenburg	588	623	569	684	1140	1364	1279	1429
6. Pommern	193	180	127	229	389	880	268	294
7. Sachsen	188	157	119	181	840	826	817	841
B. Summa: mittl. Prov.	919	960	805	1094	1869	2070	1764	1964
8. Schleswig-Holstein	66	38	11	17	78	84	83	79
9. Hannover	47	54	22	48	140	181	145	140
10. Hessen-Nassau	63	45	12	32	108	157	130	161
C. Summa: neue Prov.	155	187	45	97	361	422	864	380
11. Rheinland (u. Hohenz.)	128	180	73	120	214	351	280	267
12. Westfalen	129	135	50	102	198	264	156	195
D. Summa: westl. Prov.	257	275	123	222	412	615	386	462
E. Summa: Preussen	1799	1771	1346	2039	3904	4218	3396	3690
13. Mecklenburg, beide	52	40	24	37	90	74	55	50
14. Hansastädte	14	32	16	26	58	92	108	104
15. Braunschweig	23	22	6	17	44	47	69	61
16. Lippe, beide	7	12	2	4	12	19	15	8
17. Oldenburg	14	12	5	15	27	55	22	20
E. Summa: nordwestl. nicht-preuss. Deutschland	110	118	57	96	231	267	269	283
18. K. Sachsen	16	13	4	23	38	75	73	72
19. Thüringen mit Wald.¹)	52	44	16	24	80	82	71	67
20. Anhalt	28	29	12	19	48	34	20	23
F. Summa: mittl. nicht-preuss. Deutschl.	95	86	32	70	166	195	164	162
21. Bayern	23	13	5	13	86	119	83	109
22. Württemberg	7	10	4	13	43	62	49	63
23. Baden	22	12	9	14	47	105	69	99
24. Hessen	3	16	7	14	43	72	58	57
25. Els.-Lothringen	—	—	—	1	5	12	27	64
G. Summa: Süd-Deutschl.	55	57	25	55	170	370	286	394
H. Summa: ausserpreuss. Reichsdeutsche	258	261	114	221	567	858	709	793
I. Summa: Reichsdeutsche	2057	2032	1500	2260	4371	5070	4105	4483

¹) Thüringen: Die 8 sächsischen Staaten, beide Schwarzburg, beide Reuss nebst Waldeck.

Tabelle V.

Herkunft der Berliner immatriculirten Studenten.
Reichs-Ausländer.

Ausland	Wintersemester							
	1867 68	1869 70	1873 74	1876 77	1882 83	1888 89	1892 93	1895 96
1. Deutsch-Oesterreich¹)	8	6	8	15	17	22	24	24
2. Luxemburg	—	—	1	—	8	10	7	7
3. Schweiz	21	40	24	22	40	x2	63	102
A. Summe: deutsche Gebiete ausserhalb Reichs	29	46	33	37	65	114	94	133
4. Niederlande	—	1	3	6	3	6	13	9
5. Belgien	1	—	—	—	2	2	3	3
6. Dänemark	1	—	—	—	1	1	—	1
7. Schweden n. Norwegen	2	3	4	—	3	10	14	12
8. Gr.-Brit. u. Irland	8	23	11	11	8	25	19	26
B. Summe: sonstiges meist germanisches Europa	12	27	18	17	17	44	49	58
9. Frankreich	4	8	3	—	5	9	7	18
10. Spanien u. Portugal	—	—	—	1	2	—	1	3
11. Italien	3	5	8	8	6	8	10	13
C. Summe: Roman. Europa	7	13	11	9	13	17	18	34
12. Griechenland	4	6	6	9	2	8	16	2
13. Serbien u. Bulgarien	7	2	7	8	6	3	3	16
14. Türkei	2	3	1	2	—	4	7	6
15. Rumänien	13	25	11	14	14	10	10	5
D. Summe: Südeuropa	26	36	25	28	28	25	36	29
16. Ungarn n. Nebenl.²)	22	30	22	20	39	32	24	32
17. Sonstiges ausserdeutsches Oesterreich³)	4	5	1	4	3	15	21	28
18. Russland⁴)	45	44	54	61	62	116	163	211
E. Summe: vorwiegend slavisches Europa	71	79	84	86	104	163	215	271
I. Summe: ausserdeutsches Europa	145	201	171	176	227	363	412	525
19. Amerika⁵)	45	74	70	45	66	158	153	179
20. Australien	—	—	—	1	1	2	—	—
21. Asien⁶)	2	1	14	4	10	36	21	16
22. Afrika	—	2	2	4	3	2	1	2
II. Summe: andere Welttheile	47	77	86	54	80	198	174	197
III. Summe: Reichs-Ausland	192	278	257	230	307	561	586	722
IV. Gesammtzahl	2249	2310	1757	2490	4678	5631	4631	5206

¹) Die ehem. deutschen Bundesländer. Die Berliner Statistik unterscheidet dabei weiter die Kronländer. Die meisten Studenten sind aus dem Erzherzogthum. In einzelnen Jahren (nicht in denen in der Tabelle) war auch 1 Lichtensteiner da-

17. [S. 15.] Soweit ich mir, allerdings in diesem Falle ohne die Gewinnung ganz fester Zahlengrundlagen, aus allgemeinen Eindrücken bei der Immatriculation von etwa 4000 Studenten, ein Urtheil bilden konnte, scheint mir namentlich zwischen den zwei gegenwärtig stärkstbesuchten Universitäten im Reiche, Berlin und München, ein besonders starker studentischer „Anstausch" stattzufinden, im Sommer mehr von Berlin nach München (Norddeutsche und zurückkehrende Süddeutsche), im Winter mehr umgekehrt (Süddeutsche und zurückkehrende Norddeutsche). Daneben findet der stärkste Austausch wohl zwischen Berlin und den schön gelegenen südwestdeutschen, zum Theil auch schweizerischen Universitäten (Zürich, französische Schweiz), ebenfalls in derselben Weise wie mit München in verschiedener Richtung im Sommer und Winter, statt, was ja an sich begreiflich ist. Weniger Anstausch scheint zwischen Berlin und den mitteldeutschen, noch weniger mit den preussischen und sonstigen deutschen Universitäten im Westen, Norden und Osten vor sich zu gehen. Der nicht unbedenkliche Zug der Zeit, die Wanderung in die grossen Städte, kommt in der Entwicklung der drei Universitäten Berlin, München, Leipzig wohl auch mit zur Geltung, während manche mittlere und kleinere Universitäten mehr eine vorwiegend provinzielle studentische Frequenz erhalten.

18. [S. 16.] Auf der Zählkarte, welche neuerdings jeder Student auszufüllen hat, liesse sich die Frage nach der Muttersprache leicht einfügen. Dadurch würde die Statistik der ausserdeutschen Studenten gut verbessert. Namentlich unter den Studenten aus Russland, Polen, Ungarn, Siebenbürgen, Galizien sind notorisch viele Deutsche und Juden, die unter „Russen" und „Oesterreicher", „Ungarn" jetzt verschwinden. Die so bedeutend gewachsene „slavische" Frequenz in der letzten Tabelle ist sicher nur theilweise eine national-slavische.

19. [S. 19.] In der folgenden Tabelle VI ist eine Statistik des Lehrkörpers der Berliner Universität nach Jahrzehnten entworfen, auf Grund der Uebersichten des Personalstandes in der Schrift aus Dernburg's Rectorat und der neueren semestralen Personalverzeichnisse. Auch im Staats-

---

¹) Ungarn mit Siebenbürgen, was die Berliner Statistik unterscheidet, dann Kroatien, Slavonien.

²) Galizien, Bukowina, Dalmatien.

³) Die russischen Polen und die Balten werden neuerdings in der Statistik nicht mehr ausgeschieden, auch Finnländer unter Russland geführt.

⁴) Die Amerikaner meistens aus den Vereinigten Staaten, doch auch Britisch-Nordamerikaner und hier und da Mittel- und Südamerikaner (Chile, Brasilien). Die Statistik könnte hier wohl jetzt trennen.

⁵) Meistens Japaner.

haushaltsetat findet sich eine Uebersicht der Zahl der besoldeten und unbesoldeten Professoren. Nach den Zufälligkeiten der Zeit, eben eingetretenen Todesfällen, Vacanzen, Doppelbesetzungen eines Fachs (Ersatzprofessuren), Fortführung Emeritirter, bezw. nicht mehr lesender Lehrer, ergeben sich natürlich auch Zufälligkeiten in einzelnen Zahlen. Aber das Gesammtbild der Entwicklung wird dadurch kaum beeinflusst. Die Zahlen der Privatdocenten und Extraordinarien ändern sich von Semester zu Semester, weniger diejenigen der Ordinarien.

Tabelle VI.

Lehrkörper der Berliner Universität.

Anzahl der Lehrer.

Wintersemester	1810 11	1815 16	1820 21	1830 31	1840 41	1850 51	1860 61	1870 71	1880 81	1890 91	1896 96
Theologische Facultät.											
Ordinarien	3	4	3	5	5	4	5	5	7	8	9
Honorar-Professoren	—	—	—	—	—	—	—	—	2	1	1
Extraordinarien	—	—	1	2	4	5	7	6	6	5	7
Privatdocenten	1	1	1	5	3	5	3	4	3	2	1
Summa	4	5	5	12	12	14	15	15	18	16	18
Juristische Facultät.											
Ordinarien	3	5	6	7	7	9	10	9	8	11	11
Honorar-Professoren	—	—	—	—	—	—	—	—	1	3	3
Extraordinarien	1	1	2	4	3	4	3	4	4	5	8
Privatdocenten	—	1	3	2	7	5	8	4	2	6	10
Summa	4	7	11	13	17	18	21	17	15	25	27
Medicinische Facultät											
Ordinarien	6	7	10	14	15	12	13	13	13	15	15
Honorar-Professoren	—	—	—	—	—	—	—	—	1	1	4
Extraordinarien	1	4	7	11	10	7	8	12	24	32	30
Privatdocenten	7	5	9	10	12	19	19	28	42	61	70
Summa	14	16	26	35	37	38	40	53	80	109	119
Philosophische Facultät.											
Ordinarien	13	11	11	22	27	30	26	27	36	48	51
Honorar-Professoren	—	—	—	—	—	—	—	—	1	2	4
Extraordinarien	5	7	11	24	24	29	30	31	37	46	40
Privatdocenten	6	4	11	15	23	30	27	25	33	68	86
Summa	24	22	33	61	74	89	83	83	107	164	181
Summa theol. u. jur. Facult.	8	12	16	25	29	32	36	32	33	41	45
— medic. u. philos. Fac.	38	38	59	96	111	127	123	136	187	273	300
Summa Ordinarien	25	27	30	18	54	55	54	54	61	82	86
— Honorar-Professoren .	—	—	—	—	—	—	—	—	5	7	12
— Extraordinarien . . .	7	12	21	41	41	45	48	53	71	88	80
— Privatdocenten . . .	14	11	24	32	45	59	57	61	80	137	167
Gesammtzahl	46	50	75	121	140	159	159	168	220	314	345

Nach dem Staatshaushaltsetat Preussens für 1896/97 ist die gegenwärtige Besetzung der Fakultäten folgende:

	Theologen	Juristen	Mediciner	Philosophen	Summa
Ordentl. besoldete . . .	8	12	15	53	88
Davon künftig wegfallend .	1	2	—	7	10
Ordentl. ohne Gehalt . .	2	3	3	2	10
Ausserord. besoldete . .	5	2	14	28	49
Davon künftig wegfallend .	2	—	4	6	16
Ausserord. ohne Gehalt .	2	2	17	17	38
Summa	17	19	49	100	185

Die ordentlichen Professuren ohne Gehalt und die ausserordentlichen desgleichen sind vielfach mit besoldeten anderen Aemtern verbunden.

20) [S. 21.] Wie bei den Studenten bedingt natürlich auch bei den Lehrern, auch den Professoren der Umstand, ob gewisse Disziplinen in die Universität eingereiht oder in besonderen Hochschulen, Akademien, wenn auch vielleicht an demselben Orte, zusammengefasst werden, einen Unterschied, der bei der Vergleichung und bei Schlussziehungen daraus nicht übersehen werden darf. Mehrfach gehören übrigens Lehrer solcher anderer Hochschulen in irgend einer Lehrstellung zum Lehrkörper der Universität, wie z. B. in Berlin solche der Landwirthschaftlichen Hochschule. Der Besitz zweier theologischen Fakultäten steigert ferner auch die Zahl der Lehrer ceteris paribus. Wenn man solche Verschiedenheiten berücksichtigt, erscheint die Zahl der Lehrkräfte in Berlin im Vergleich mit den übrigen Universitäten noch bedeutender. S. die Statistik der Lehrkörper der sämmtlichen deutschen Universitäten, mit Unterscheidung der Rangordnung der Lehrer, aber ohne Unterscheidung der Fakultäten, im Ascherson'schen Universitätskalender.

21) [S. 21.] Die Entwicklung des Lehrpersonals der einzelnen Fakultäten in Berlin ist mit aus der Tabelle VI oben ersichtlich.

22) [S. 24.] Besoldungsetat Berlins 1811/12 bei Köpke S. 104 (auch mit einigen Angaben über die Besoldungen einzelner Professoren), für 1834 bei Dieterici a. a. O. S. 67, 73, für 1870 und 1896/97 in den Staatshaushaltsetats und deren Beilagen. In der folgenden Tabelle VII sind der Vergleichung wegen die Thaler auf Mark auch für die frühere Zeit umgerechnet worden.

Tabelle VII

Besoldungsetat der Berliner Universität
(nur Professoren).

	1811/12	1834	1870	1896/97
Zahl der Ordinariate	26	46	64	84
Besoldung dafür . . . . . M.	102 750	166 060	254 300	634 700
Durchschnitt . . . . . . „	3 950	3 610	4 705	7 912
Maximum . . . . „	9 000	7 500	7 500	12 000
Minimum . . . . „	600	?	1 200	2 400
Zahl der Extraordinariate .	7	25	42	47
Besoldung dafür . . . . M.	13 800	27 600	66 900	108 600
Durchschnitt . . . . . . „	1 971	1 104	1 593	2 311
Maximum . . . . . . „	4 500	?	3 600	3 600
Minimum . . . . „	?	300	600	600
Gesammtbesoldung . . . „	116 550	193 650	321 000	743 300
Ohne Gehalt, Zahl der Ord.	?	?	0	10
„ „ Zahl der Extraord.	?	?	13	39

23) [S. 24.] Siehe die letzte Tabelle VII für die Durchschnittsgehalte, die Maxima und Minima. Neben der Besoldung bezieht jeder ordentliche und ausserordentliche Professor in Berlin, der keine Dienstwohnung hat, neuerdings, d. h. seit der Einführung dieser Zahlungen an die Staatsbeamten, 900 M. Wohnungsgeldzuschuss. Diesen inbegriffen steigt der Durchschnittsgehalt 1896/97 auf 8112 M. für den Ordinarius und 3211 M. für den Extraordinarius (ohne Berücksichtigung des viel höheren Miethswerths der mit Dienstwohnung versehenen Professoren bei dieser Durchschnittsberechnung).

Diese Summen und damit der Gesammtaufwand für die Gehalte der Professoren erhöhen sich aber in der ganzen Periode, wenn auch für die einzelnen Personen wieder in sehr ungleichem Maasse, durch die Besoldungen, Remunerationen und dergleichen für Nebenämter, akademische Stellen u. s. w., daher namentlich in der medicinischen und philosophischen Facultät. Da hierin im Laufe der Zeit manche Veränderungen eingetreten sind, werden Vergleichungen der Gehaltsverhältnisse der Professoren verschiedener Perioden noch mehr erschwert. Und ebenso sind Vergleichungen mit anderen Universitäten, die in diesem Punkte der Nebenämter wesentlich anders daran sind, durch diese Umstände gestört. Man kann nur sagen, dass der Durchschnittsgehalt der Professoren an Bezügen aller Art aus der Staatskasse in Berlin die oben berechnete Summe mehr oder weniger, und nicht ganz unbedeutend, übersteigt, noch heute und auch früher schon, hier sogar wohl noch in etwas stärkerem Maasse als jetzt, bei einzelnen Stellen in sehr erheblichem Grade.

Ueber die amtlichen Nebeneinnahmen der einzelnen akademischen Lehrer, insbesondere die Collegiengelder, erfolgen keine Veröffentlichnngen und werden die Daten als geheime behandelt. Dadurch entzieht sich die gesammte, aus amtlicher Thätigkeit herrührende Einnahme der Universitätslehrer der Kenntniss. Auch der Gesammtbetrag des Collegiengeldes und gewisser Gebühren wird nicht veröffentlicht, so dass sich auch die, freilich bei der grossen individuellen Verschiedenheit dieser Bezüge wenig Werth besitzende, Durchschnittshöhe für den Lehrer nicht angeben lässt. Aeltere Daten, für 1832—34, über Collegiengeld- und Gebühreneinnahmen in Berlin bei Dieterici S. 73, 74. — In den Beilagen zu dem dem Landtag überreichten Staatshaushaltsetat finden sich neuerdings, nach mehrjährigem Durchschnitt berechnet, aber nicht nach den einzelnen Quellen specificirt, Daten über die Einnahmen aus Gebühren für den Rector (nach Beil. 4 zum Etat des Cultusministeriums 1896/97 25 880 M.), und die 4 Decane (theologischer 2115, juristischer 5585, medicinischer 11 540, philosophischer 12 510 M.). Die Antheile von Facultätsmitgliedern an Facultätsgebühren (meist aus Doctorprüfungen und Promotionen) sind auch hier nicht aufgeführt.

24) [S. 26.] Angaben über den ganzen Universitätsetat und die davon aus der Staatskasse getragene Quote bei Köpke a. a. O. S. 104, für 1811/12 bei Dieterici dgl. S. 180, für 1820 eb., für 1834 eb. S. 178, 67 ff., für 1870 und 1896/97 wieder im Staatshaushaltsetat, mit Beilagen. Die Angaben für 1812 weichen bei Köpke („für Trinitatis 1811/12") und Dieterici um eine Kleinigkeit von einander ab, bei jenem ist sie 54 146 Tbl. 18 Gr, bei diesem 54 208 Tbl. 22½ Sgr. Die Vertheilung der Hauptposten der Ausgaben (mit Umrechnung des Geldes auch für die frühere Zeit auf Mk.) ergiebt sich aus folgender Uebersicht und der Tabelle VIII unten.

	1811/12	1834
Besoldung der Professoren	117 550 M.	193 650 M.
Institute und Sammlungen nebst Unterhaltskosten	39 294 „	78 444 „
Verwaltung, ökonom. Ausgaben und Sonstiges	6 597 „	27 444 „
Summa	163 441 M.	299 538 M.

Eine ganz genaue Vergleichung dieser Daten unter einander und mit den späteren in Tabelle VIII ist nicht zulässig, weil die Vertheilung der Ausgaben auf die einzelnen Kategorien nicht unverändert geblieben ist. 1811/12 werden für „klinische Anstalten" 7400 Thlr. oder 22 200 M., für „Unterhaltskosten" (ob allgemeine oder speziell für Anstalten und Sammlungen?) 5698 Thlr. oder 17 094 M. angegeben, welche Summen in obiger Uebersicht zusammengezogen worden sind (s. Köpke S. 104). Für „Officianten" waren 1140 Thlr. oder 3420 M., für „Kassenbeamte" 1059 Thlr. oder 3177 M. angesetzt, welche beide Posten hier in der dritten Zahl der Uebersicht summirt sind. Ausserdem bezogen verschiedene „Hilfsinstitute", die später meist auf den Universitätsetat kamen, schon nach einer Kabinetsordre von 1809 12 005 Thlr. oder 36 165 M. (Köpke, S. 218). Schlägt man diesen Betrag zu den Universitätsausgaben für Institute und Sammlungen hinzu, so erscheint das Uebergewicht der Ausgaben für Professorengehälter auch schon 1811/12 doch wohl so hoch, wie ich es S. 26 berechnet habe.

Die obigen Angaben für 1834 (nach Dieterici, aber S. 73 wohl mit einem Fehler) umfassen in der Rubrik „Institute und Sammlungen" auch 1000 Thlr. (3000 M.) für die Universitätswittwenkasse und ebenso viel für „Ausbildung junger Cameralisten in Möglin"; in der letzten Rubrik (dritte Reihe) 4150 Thlr. (12 450 M.) für akademische Verwaltung, 2243 Thlr. (6729 M.) für ökonomische Bedürfnisse und andere ähnliche Ausgaben und den von der Gesammtausgabe verbleibenden Rest mit 2755 Thlr. (8265 M.).

Besser vergleichbar unter einander sind die neueren Etats, worin freilich einige Rubriken wegen Veränderungen des Einzelnen sich auch nur annähernd decken. In der folgenden Tabelle VIII für 1870 und 1896/97 sind zugleich die Hauptrubriken der Einnahmen beigefügt.

Tabelle VIII.   Etat der Universität Berlin
(nach dem Staatshaushaltsetat). In Mark.

Ausgabe.	1870	1896
Akadem. Discipl. u. Verwaltung [1]	34 623	129 290
Besold. der Prof. u. Lehrer . .	322 200	687 500
Wohnungsgeldzuschüsse f. Lehrer und Beamte	—	162 840
Institute, Sammlungen [2] . . .	266 724	1 481 388
Convict., Unterstütz., Stipendien für Studirende [3]	1 050	8 270
Baukosten, Abgaben, Lasten . .	6 000	104 476
Anderes [4]	34 452	73 872
Summa	665 049	2 647 636

[1] Im Etat von 1870 unter dieser Bezeichnung, in dem für 1896/97 „akademische Verwaltung".
[2] Incl. Universitäts-Gottesdienst.
[3] 1870 sind hier noch „Prämien" besonders genannt.
[4] 1870: „Zu neuen Besoldungen und Gehaltszulagen innerhalb des Normal-

Einnahme.	1870	1896/97
Aus Staatsfonds	641 004	2 194 660
Aus Stiftungen u. Specialfonds [3])	150	675
Zinsen, Revenuen [6])	333	4 109
Aus eigenem Erwerb	23 562	448 192
Summa	665 049	2 647 636

Die „eigenen Einnahmen der Institute und Sammlungen" wurden früher apart gestellt, jetzt stehen sie mit im Universitätsetat. Die grosse Vermehrung der Einnahmen aus eigenem Erwerbe erklärt sich mit daraus.

Ferner wird im Etat neben den Ausgaben für die e i n z e l n e n Universitäten (nebst dem jetzt hier mit eingereihten Lyceum Hosianum zu Braunsberg) ein grösserer, in eine Anzahl Titel zerfallender Betrag (im jetzigen Etat Kap. 119, Titel 12—17) für alle Universitäten z u s a m m e n aufgeführt. Im Etat für 1896/97 mit folgenden Summen:

Titel-No.		M.
12.	Dispositionsfonds zu ausserordentlichen sachlichen Ausgaben	60 000
12a.	Zuschüsse in Folge des erhöhten Aufwandes wegen des Communalsteuergesetzes vom 14. Juli 1893 . . .	12 000
12b.	Zur Pflege der Leibesübungen	15 000
13.	Zur Verbesserung der Besoldungen der Lehrer und zur Heranziehung ausgezeichneter Docenten	175 000
14.	Zu Stipendien für Privatdocenten und andere jüngere zur Universitätslaufbahn geeignete Docenten (Gesammtbetrag für den einzelnen Empfänger in max. 6000 M.)	60 000
15.	Dispositionsfonds zur Berufung von Nachfolgern in unerwarteten Fällen und zur Beschaffung von Vertretern	20 000
15a.	Zuschüsse zu den Universitäts-Wittwen- und Waisenanstalten und zu Unterstützungen von Hinterbliebenen von Lehrern	160 000
16.	Zu Stipendien und Unterstützungen für Studirende .	65 952
17.	Zur Ergänzung des Fonds Tit. 16 für Studirende deutscher Herkunft zu späterer Verwendung in den polnischen Gebieten	100 000
	Summa	667 952

Man wird annehmen dürfen, dass hiervon wohl mindestens ein Viertel bis ein Drittel, ich vermuthe eher mehr, für die Universität Berlin verwendet wird, von den 175 000 M. des Titel 13 sind es

---

etats, zu ökonomischen und Amtsbedürfnissen", 1896: „zur Deckung von Einnahmeausfällen und zu unvorhergesehenen und Mehrausgaben".

[3]) „Aus Stiftungs- und bestimmten Zwecken gewidmeten und anderen Fonds."

[6]) „Zinsen von Kapitalien und Revenuen von Grundstücken und Gerechtsamen."

allein 82 650 M. Dadurch steigt der Staatszuschuss für Berlin wohl auf c. 2,35—2,42, die Gesammausgabe auf c. 2,81—2,87 Mill. M.

25) [S. 27.] Die folgende Tabelle IX stellt die Ausgaben für Institute und Sammlungen u. dgl. für 1834 (nach Dieterici S. 67 ff.), 1870 und 1896/97 (nach den Staatshaushaltsetats) zusammen, auch wieder für alle Jahre in M. nach möglichst systematischer Gruppirung der einzelnen Zwecke und Gegenstände. Die Vergleichbarkeit einzelner Rubriken in diesen drei Perioden, besonders der Daten der beiden letzten mit denen von 1834, ist freilich mehrfach wieder nur eine bedingte, wegen eingetretener Veränderungen im Etats- und Rechnungswesen, auch wegen Aufnahme von schon älteren Instituten in den Universitätsetat.

Tabelle IX.

Kosten der Institute und Sammlungen etc. der Universität Berlin. (In Mark.)

Gegenstand	1834 Staatszuschuss im Etat.	1870 Staatszuschuss im Etat.	1896/97 Staatszuschuss im Etat (Universitäts-kassen)	Ges.-Einnahme u. Ausgabe excl. Wohnungsgeld-zuschüssen
I. Allgemeine Angelegenheiten.				
1. Universitäts-Gottesdienst	—	2 550	1 500	ebenso
2. Bibliothek.....................	1 500	10 509	55 700	"
3. Garten.......................	1 500	4 545	7 500	"
4. Wittwenkasse (Zuschuss)	3 000	3 000	3 000	76 660
Summa I	6 000	20 604	67 760	141 410
II. Geisteswissenschaftliche Institute.				
1. Theologisches Seminar........	1 890	2 490	900	ebenso
2. Seminar f. pract. Theologie....	—	—	800	"
3. Christl. archäol. Kunstmuseum.	—	900	1 050	"
4. Philologisches Seminar........	1 500	1 500	600	"
5. Seminar f. gelehrte Schulen...	6 000	—	—	"
6. Psychologisches Seminar......	—	—	2 550	ebenso
7. Archäologischer Apparat	—	—	1 500	"
8. Institut f. Alterthumskunde....	—	—	1 500	"
9. Apparat f. Vorles. über neuere Kunstgeschichte..............	—	—	900	"
10. Germanistisches Seminar	—	—	600	"
11. Romanisch-englisches Seminar.	—	—	1 000	"
12. Historisches Seminar.........	—	—	1 350	"
13. Geographisches Institut	—	—	2 300	"
14. Apparat f. geogr. Unterricht...	—	—	300	"
15. Mathematisches Seminar.......	—	1 300	750	"
16. Juristisches Seminar..........	—	—	750	"
17. Staatswissensch. Seminar......	—	—	1 000	"
18. Zur Ausbild. junger Cameralisten in Möglin...................	3 000	—	—	—
Summa II	12 390	6 090	17 650	17 650

Tabelle IX. Fortsetzung.

Kosten der Institute und Sammlungen etc. der Universität Berlin. (In Mark.)

Gegenstand	1864 Finale-neuerhand im Etat	1870 Finale-durchaus im Etat	1890/91 Massetneorhben im Etat (Universitäts kasse)	Ges-Klonghmen u. Ausgabe etc. Wohnungsgeld zuerhalten
III. Seminar für orientalische Sprachen.				
—	—	—	9s 870	101 580
IV. Naturwissenschaftliche Institute und Sammlungen.				
1. Chemisches Laboratorium	1 200	15 147	—	—
2. Erstes chemisches Institut	—	—	23 530	ebenso
3. Zweites „ „	—	—	18 435	„
4. Mathem. u. physikal. Apparat	1 500	2 400	—	
5. Physikal. Laboratorium (Institut)	—	8 504	29 778	„
6. Institut f. theoret. Physik	—	—	2 870	„
7. Herbarium	8 600	9 3~1	—	—
8. Botanisches Institut	—	—	5 670	ebenso
9. Botanisches Museum	—	—	28 800	„
10. Zoolog. u. entomol. Samml.	—	26 678	—	—
11. Mineralien-Cabinet	4 560	10 530	—	—
12. Museum f. Naturkunde	—	—	—	—
a) Allgemeine Verwaltung	—	—	51 120	51 565
b) Geolog. paläontol. Samml. u. Institut	—	—	13 150	ebenso
c) Mineral. petrogr. Samml. u. Institut	—	—	16 550	
d) Zoolog. Sammlung	—	—	91 880	„
e) Zoolog. Institut	—	—	20 500	„
13. Sternwarte	1 500	17 735	81 890	„
14. Recheninstitut der Sternwarte	—	—	28 290	„
15. Technologisches Institut	—	—	11 660	„
Summe III	12 660	85 160	379 363	379 798
V. Botanischer Garten.				
—	Nicht im Univ. Etat	75 660	108 725	106 725
VI. Medicinisch-naturwissenschaftl. u. dgl. Institute.				
1. Anatomie u. anat. Museum	9 504	19 047	—	—
2. Erstes anatom. Institut	—	—	40 576	ebenso
3. Zweites anatom. Institut	—	—	12 780	„
4. Physiologisches Institut	—	3 639	47 776	„
5. Pathologisches Institut	—	6 000	24 450	„
6. Pharmakol. Inst. (bzw. Samml.)	—	300	17 152	„
7. Pharmaceutisch-chem. Unterricht	—	—	4 700	„
8. Anstalt für Staatsarzneikunde	—	450	3 540	„
9. Hygiene-Laboratorium	—	—	18 620	„
10. Hygiene-Museum	—	—	21 030	„
Summe VI	9 504	29 436	190 054	„

Tabelle IX. Fortsetzung.

Kosten der Institute und Sammlungen etc. der Universität
Berlin. (In Mark.)

Gegenstand	1834 Mente- zuschuss im Etat	1870 Regie- zuschuss im Etat	1896/97 Staatszuschuss im Etat (Universitäts- casse)	Ges.-Einnahme u. Ausgabe etc. Wohnungsgeld zuschuss
Klinische u. ägt. Institute.				
1. Medicin. klin. Institut	4 600	—	—	—
2. Poliklinicum[1]	6 000	9 420	12 610	ebenso
3. Chirur. klin. Institut[2]	9 000	13 950	118 250	314 062
4. Geburtshilf. klin. Institut[3]	16 800	25 113	109 298 50	180 400
5. Zweite geburtsh. u. gynäk. Poliki.	—	—	11 300	ebenso
6. Cabin. chirurg. Instr. u. Bandagen	1 290	1 200	1 360	"
7. Institut f. orthopäd. Chir. Beih.	—	—	2 400	"
8. Poliklin. f. Hals- u. Nasenkrankh.	—	—	7 784	"
9. Zahnärztl. Lehrinstitut	—	—	14 024	47 024
10. Universitätsinstit. i. d. Charité[4]	nicht i. Univers.-Etat.		40 731 25	ebenso
Summe VII	37 890	49 778	317 757 75	617 091 25
Gesammtbetrag I–VII[5]	78 444	266 785	1 174 569 75	1 554 848 25

Die vollen Kosten bezw. Einnahmen und Ausgaben der einzelnen
Institute treten auch in der letzten Spalte für 1896 97 nicht überall
hervor. Mehrfach werden Gebühren von den Benutzern und Besuchern
erhoben, so z. B. auch in geisteswissenschaftlichen Seminaren, welche
unmittelbar für die Zwecke dieser Anstalten mit zur Verwendung
kommen, aber nicht durch die Staatshaushalts-Rechnungen gehen Mitunter sind auch die wirklichen Leistungen der Staatskasse noch grösser
als nach dem Anschlag der Zuschüsse im Etat, indem die Staatskasse
hinterher Etatsüberschreitungen deckt. Bei der Universitäts-Wittwen-
kasse garantirt der Staat jetzt gewisse Beiträge an Wittwen- und
Waisengeldern und muss daher, wenn die eigenen Einnahmen der Anstalt nicht ausreichen, einen etwaigen Fehlbetrag decken.

26) [S. 30.] Das System der Institutsgebühren ist seit Kurzem auch in Berlin
in Entwicklung begriffen Die betreffende Einnahme bildet, z. B. beim
staatswissenschaftlich-statistischen Seminar, eine willkommene Ergänzung

---

[1] Dies die amtliche Bezeichnung 1834 und 1870, jetzt medicinische Poliklinik.
[2] Amtliche Bezeichnung 1834 und 1870, jetzt „Königliches Klinikum", mit den
3 Abtheilungen „chirurgische Klinik und Poliklinik", „Klinik und Poliklinik für
Augenkrankheiten", „Klinik und Poliklinik für Ohrenkrankheiten", aber im Staatshaushaltsetat mit dem in der Tabelle angegebenen ungetheilten Betrag.
[3] Amtliche Bezeichnung 1834 und 1870, jetzt Universitäts-Frauenklinik.
[4] Hier ohne den Etat des pathologisch-anatomischen Instituts, das in der Tabelle
unter VI, 5 eingesetzt ist. Als Universitätsinstitute in der Charité sind sonst noch 9
verschiedene, mit getrennten, in der Tabelle summirten Etatsansätzen angegeben.
[5] In der letzten Colonne so nach meiner Berechnung, nach dem Staatshaushaltsetat 1 555 048 25.

der knappen Jahresdotation. Aber es fehlt noch viel an einer völlig befriedigenden Regelung dieser Sache. U. A. schiene mir der Gedanke einer mässigen Bibliotheks-Benutzungsgebühr, eventuell einer mässigen Kautionsstellung erwägenswerth statt der bestehenden Einrichtung der Cavirung durch die Professoren.

Wenn man an die grossen, so rasch und stark steigenden Kosten der deutschen Universitäten denkt, so ist auch zu beachten, dass diese sich innerhalb des Deutschen Reiches insofern sehr ungleich vertheilen, als die Mehrzahl der kleinen Staaten dazu ja gar nichts beiträgt, ihre Angehörigen also ganz auf Kosten der Staaten, welche Universitäten besitzen, ihre Ausbildung erlangen, darunter so wohlhabende wie die Hansestädte, Braunschweig, Anhalt, Oldenburg. Aversalbeiträge dieser Staaten für die von den anderen getragenen Universitätskosten — auch bei den Technischen Hochschulen liegt die Sache mit Ausnahme Braunschweigs ähnlich — würden nur der Billigkeit entsprechen.

27) [S. 30.] 8. über die Einnahmen der Universität Berlin die Tabelle VIII oben. Auch hier ist die Vergleichung mit früheren, weiter zurückliegenden Jahren wegen der Veränderungen im Etats- und Rechnungswesen misslich. Im Jahre 1870 stand im Etat bei einer Gesammteinnahme Berlins von 221 683 Thlr. nur der kleine Betrag von 7854 Thlr. aus „eigenem Erwerb". Die eingetretene Steigerung letzteren Postens ist aber nur theilweise eine reelle, im Uebrigen durch nunmehrige Aufnahme von Einnahmeposten in den Etat zu erklären. Dass der Staatszuschuss in Berlin eine stärkere Quote als bei den meisten anderen preussischen Universitäten ausmacht, erklärt sich aus der Geringfügigkeit der Einnahmen aus Stiftungs- und Spezialfonds und aus eigenem Vermögen bei Berlin, wie folgende Uebersicht zeigt, nach dem Etat für 1896/97 in M.:

	Berlin	Die anderen preuss. Universitäten (incl. Münster u. Braunsberg)	Ausserdem für alle gemeinsam Kap. 119 Tit. 12—13 des Etats
1. Aus Staatsfonds	2 194 660	5 526 659	667 952
2. Aus Stiftungs- und bestimmten Zwecken gewidmeten anderen Fonds	675	1 116 410	—
3. Aus Zinsen von Kapitalien und Revenuen von Grundstücken und Gerechtsamen	4 160	450 760	—
4. Aus eigenem Erwerb . .	448 192	1 675 878	--
Summa	2 647 686	8 769 708	667 952

Von der zweiten Rubrik der Einnahmen kommt der Haupttheil auf Göttingen (625 206 M. neben einem Staatszuschuss von bloss 361 169 M.) und auf Halle (302 176 M. bei einem Staatszuschuss von 714 209 M.). Sonst haben nur noch Münster (82 207 M., Staatszuschuss 175 276 M.), Marburg (50 914 M. Staatszuschuss 627 784 M.) erheblichere Einnahmen dieser Art. Von der dritten Rubrik fällt über zwei Drittel allein auf Greifswald (320 185 M., Staatszuschuss 307 983 M.), 42 098 M. auf Marburg, 29 244 M. auf Breslau (Staatszuschuss 943 657 M.), kleinere Beträge auf die übrigen. Aus der vierten Rubrik, aus eigenem Erwerb, hat nächst Berlin Halle die bedeutendste Einnahme (408 224 M.), 200—250 000 haben auch Kiel (Staatszuschuss 611 279 M.), Breslau, Bonn (Staatszuschuss 919 839 M.), die übrigen weniger, doch alle über 100 000 M. (ausser Münster und Braunsberg mit ganz kleinen Beträgen). Der Staatszuschuss für Königsberg ist 830 325 M. bei 987 091 M. Gesammteinnahme, für Braunsberg (Lyceum) 25 138 bei 46 170 M. Gesammteinnahme.

28) [S. 31.] Die älteren Daten für Berlin's Gesammtkosten nach Dieterici a. a O. S. auch Tabelle X.

29) [S. 32.] Die folgende Tabelle X zeigt die Entwicklung der Kosten für alle preussischen Universitäten, welche jeweilig zum preussischen Staate gehörten, nach den älteren Daten bei Dieterici und den neueren (1870 und 1896/97) des Staatshaushaltsetats, wieder mit Umrechnung der Thaler in M. für früher. S. Tabelle X auf folgender Seite.

Wenn man den Betrag, welcher aus dem gemeinsamen Fonds den Provinzial-Universitäten zufliesst, einrechnet, ergiebt sich ungefähr die Steigerung des Staatszuschusses, welche für diese Universitäten für die Zeit von 1870 bis 1896 auf S. 32 angegeben worden ist.

Beachtenswerth ist gewiss die verhältnissmässig hohe Dotation Göttingens schon unter der hannoverschen Regierung, welcher letzteren die Georgia Augusta die sorgsamste Pflege verdankt hat. Aber die Befürchtung, welche nach 1866 eine Zeit lang in Göttingen und den neuen Provinzen überhaupt wohl gehegt wurde, dass der Grossstaat Preussen nicht Mittel oder doch nicht Interesse genug haben werde, die Landesuniversitäten ähnlich, wie es bisher die alten Regierungen gethan, zu pflegen, ist doch durch die Geschichte dieser 30 Jahre, wie sie sich in den Zahlen der Tabelle X zeigt, glänzend widerlegt worden.

30) [S. 33.] Es würde zu weit führen und die Aufgabe, die ich mir stellte, überschreiten, wenn ich auch über sonstige finanzielle Verhältnisse hier noch viele statistische Daten einreihte, so interessant diese zum

Tabelle X.

Kosten der preussischen Universitäten.

	1812 im Ganzen	1820 im Ganzen	1831 im Ganzen	davon Staatszuschuss	1870 im Ganzen	davon Staatszuschuss	1896/97 im Ganzen	davon Staatszuschuss
1. Berlin	162 626	241 322	290 638	291 732	625 049	611 003	2 647 636	2 194 060
2. Königsberg .	106 755	160 007	182 736	172 299	352 296	334 065	987 691	830 325
8. Breslau¹) . .	181 827	201 169	216 897	3 1880	352 296	303 878	1 194 694	943 657
4. Halle	--	181 620	212 214	125 990	382 456	226 291	1 430 261	714 929
5. Greifswald	--	140 798	175 088	0	242 360	0	792 616	307 984
6. Bonn	--	283 062	280 055	241 840	453 117	433 432	1 176 012	929 838
7. Münster . .	--	--	c. 28 800	0	67 124	6 780	266 892	178 276
Summa 2—7:	291 582	916 725	1 082 790	561 720	1 880 363	1 304 358	5 851 163	3 901 249
8. Göttingen .	--	--	--	--	515 790	127 954	1 154 782	861 105
9. Marburg . .	--	--	--	--	359 410	267 640	847 560	627 784
10. Kiel	--	--	--	--	245 663	265 085	869 707	611 279
Summa 8—10:	--	--	--	--	1 120 863	631 622	2 872 032	1 680 232
Alle zusamm.:	154 308	1 188 057	1 382 328	853 152	3 686 445	2 578 984	10 371 361	7 686 181
11. Braunsberg Lyceum . .	--	--	10 562	--	27 015	7 328	46 470	25 138
12. Gemeinsam f. alle²) . . .	--	--	--	--	889 195	9 759	667 952	667 952
Gesammtbetr.³)	--	--	1 392 890	--	⌈ 4 218 680 ⌉ ⌊ 4 512 855 ⌋	2 596 069	11 085 846	8 389 271

Vergleich wären. Nur eine Gegenüberstellung der **Hauptposten** für Unterricht, Wissenschaft und Kunst im Etat für 1870 und für 1896/97 mag hier noch Platz finden, zum weiteren Beleg der Ausführungen in der Rede S. 32 ff. In Mark:

¹) Die eingeklammerte Zahl für den Staatszuschuss in Breslau in 1831 ist die des direkten Zuschusses aus der Generalstaatskasse. Aber ausserdem bezog die Universität damals unmittelbar einen grösseren Betrag auf bestimmte Güter gelegter sog. „reservirter Mehrsteuern", die eigentlich auch damals schon einen weiteren höheren direkten Staatszuschuss darstellten s. Dieterici a. a. O. S. 32 Später ist das auch anders geregelt worden. Die Steigerung des Staatszuschusses bei Breslau zwischen 1831 und 1870 ist daher zum erheblichen Theil nur eine scheinbare. Demgemäss muss zum Vergleich auch der gesammte Staats zuschuss für die Universitäten schon 1831 entsprechend höher angeschlagen werden.

²) Die eingeklammerte Ziffer bei dem Aufwand „im Ganzen" in 1870 in der Rubrik 12 gemeinsam für alle giebt den Betrag der im Staatshaushalts Etat nachgewiesenen „eigenen Einnahmen der Institute und Sammlungen" für alle Universitäten zusammen an. In der zweiten Ziffer dieser Colonne bei dem „Gesammtbetrag" ist er mit dem übrigen Betrag zusammen gezogen worden.

	1870	1896/97
Provinzialschulkollegien . . .	228 090	(667 910)
Prüfungskommissionen . . .	38 391	97 170
Universitäten	2 636 318	8 389 270
Höhere Lehranstalten	1 708 174	8 338 790
Elementar-Unterrichtswesen .	3 976 991	66 028 120
Kunst und Wissenschaft . .	954 483	4 164 615
Summa	8 642 447	87 685 885
Technisches Unterrichtswesen	489 626	1 792 298

Das technische Unterrichtswesen ist jetzt anders organisirt und ressortirt nun zum Kultusministerium, 1870 zum Ministerium für Handel, Gewerbe und Bauwesen. Die beiden Jahre sind hier nicht ganz vergleichbar, aber die grosse Zunahme der Ausgabe zeigt sich auch bei diesem Zweige. Zum Vergleich mit den Universitäten sei bemerkt, dass der Etat der drei technischen Hochschulen, ausser erheblichen weiteren gemeinsamen Posten, 1896/97 ist: Berlin 284 450, Hannover 179 570, Aachen 165 200 M. Staatszuschuss, wobei u. a. die Wohnungsgelder fehlen.

Mit obigen Posten ist die Ausgabe des preussischen Staats für Unterrichtszwecke etc. noch nicht erschöpft. Einiges aus dem Titel (Kap. 124 im Etat) „Unterricht und Kultus gemeinsam" (1870:2 777 357 M., 1896/97 : 11 293 080 M.) gehört auch noch hierher. Ferner Verschiedenes im Ressort anderer Ministerien, so die landwirthschaftlichen Lehranstalten im landwirthschaftlichen Ministerium (1896/97 1 181 051 M., davon die landwirthschaftliche Hochschule in Berlin 115 880 M., in Poppelsdorf 63 100 M. (ohne Wohnungsgeldzuschuss), die thierärztlichen Hochschulen in demselben Ministerium (1896/97 345 264 M.). Dann die Bergakademie u. a. m.

31) [S. 34.] Ohne die hier nicht mögliche Einreihung sehr umfassenden finanzstatistischen Materials lässt sich der genauere Beweis für das auf S. 34 Gesagte hier nicht führen, er ist aber durchaus objectiv zu liefern. Bei den mancherlei eingetretenen Veränderungen im Etatswesen und der jetzigen Verquickung des preussischen Staatshaushaltsetats mit dem Etat des Deutschen Reiches sind freilich complicirte Umrechnungen nothwendig.

32) [S. 35.] Adam Smith, wealth of nations b. 14, ch. 2: „As defence, however, is of much more importance than opulence, the act of navigation is, perhaps, the wisest of all the commercial regulations." Der Schlusssatz in einem Abschnitt, wo nachzuweisen gesucht wird, dass die Navigationsacte dem fremden Handel und dem Wachsthum des Reichthums, das daraus entspringen kann, nicht günstig sei.

33) [S. 37.] Gentz in einem Briefe an Ad. Müller, s. Köpke S. 59 und 141.